元税務相談官が書いた

中高年のための㊙税金対策

石塚義夫 著

信 山 社

は　し　が　き

　今日も大勢の人たちが税務署や税務相談室に相談に訪れています。また、それ以上の数の電話相談がこれらの機関にかかってきています。しかし、聞きなれない用語やしくみを一度耳にしただけで理解するのは難しいものです。

　私は、41年余り国税局と税務署に勤務し、退職後、税理士を開業して7年が過ぎました。本書は、退職直前の5年間、税務相談官として納税者からの質問に回答する仕事を担当してきた経験を生かし、実際に納税者のみなさまから寄せられた質問を取り上げ、一つ一つの問題に相談にのる形で回答してあります。

　しかし、税法の及ぶ範囲は広く、それぞれに細分化された分野ごとに1冊の厚い解説書ができてしまうほどですが、本書では、中高年者の身近な問題として、「所得税」、「譲渡所得税」、「相続税」、「贈与税」、「不動産取得税」、などについての知っておきたい知識と合法的な節税対策をわかりやすくまとめました。

　民法や税法等の知識がないとわかりにくい問題（特に相続税）については、用語解説や 計算例 、 相談、 コラム をつけて補ってあります。

　本書をくりかえし読み進めていくことで、税金に対する理解を深め、節税対策の方法もわかってくると思います。税金問題に直面して悩んでいる方や、今から節税対策をしておきたいという中高年の方々のお役にたてれば幸いです。

　さらに、詳しく相談したい方は、税務署や国税局の税務相談室〔ⅴページに紹介しました〕のご利用をお奨めします。

はしがき

　おわりに、みなさまの悩む税金問題を解決したいという熱意をもって本書誕生にご尽力くださった株式会社T・H・K編集長の小林広子さんと本書の出版をご快諾くださった信山社の今井貴氏に厚くお礼申し上げます。

　2002年7月

石　塚　義　夫

税務相談室

　税に関する相談窓口として、国税局に「税務相談室」が設けられており、また全国の主要都市にある税務署には、「税務相談室の分室」が設けられています。
　忙しい方や遠隔地の方のために、電話による相談も行っています。

各国税局の税務相談室

札　幌	札幌市中央区大通西10丁目	☎011-261-7755
仙　台	仙台市青葉区上杉1-1-1	☎022-221-3007
東　京	千代田区大手町1-3-2	☎03-3821-9080
関東信越	さいたま市上落合2-11 さいたま新都心合同庁舎1号館	☎048-601-0700
名古屋	名古屋市中区三の丸3-2-4	☎052-971-5577
大　阪	大阪市中央区大手前1-5-63	☎06-6945-0030
金　沢	金沢市広坂2-2-60	☎076-263-8080
広　島	広島市中区上八丁堀6-30	☎082-227-8205
高　松	高松市天神前2-10	☎087-831-8585
福　岡	福岡市博多区博多駅東2-11-1	☎092-431-5100
熊　本	熊本市花畑町2-27	☎096-354-8642
沖　縄	那覇市旭町9	☎098-863-7746

　なお、国の委託を受けて、無料で記帳や決算のしかた等に関する指導を行っている㈶日本税務協会があります。
　㈶日本税務協会　東京都渋谷区南平台町17－6
　　　　　　　　　　　電話　03－3463－8761（代表）

タックスアンサー（コンピュータがお答えします）

　タックスアンサーは、身近な税金についてコンピュータがお答えする電話サービスです。年中無休で、利用時間は朝6時から夜12時まで。タックスアンサーをご利用の際に必要な「タックスアンサーコード表」は、税務署や市区町村の窓口にありますので、ご活用ください。
　また、NTTの電話帳（タウンページなど）にコード番号の一部が掲載されている地域もあります。

もくじ

第1章 所得があったときの税金——所得税 (1)

はしがき(i)

1. 所得税のしくみ——税額の計算 …………………………… 2
2. 所得税のしくみ——確定申告 …………………………… 5
3. 所得税の節税対策 …………………………………………… 7
4. サラリーマンと税金——給与所得と所得税 …………… 12
5. サラリーマンと税金——年収が2,000万円を超えた人 ……… 16
6. サラリーマンと税金——副業をしたとき ……………… 17
7. 災害や盗難にあったとき——雑損控除 ………………… 20
8. 多額の医療費がかかったとき——医療費控除 ………… 22
9. 社会保険料控除・生命保険料控除・損害保険料控除 ……… 26
10. 寡婦（寡夫）控除 …………………………………………… 29
11. 配偶者控除 …………………………………………………… 31
12. 配偶者特別控除 ……………………………………………… 36
13. 扶養控除 ……………………………………………………… 39
14. 中途退職して再就職しなかったとき …………………… 42
15. 退職金をもらったとき ……………………………………… 45
16. サラリーマンが定年後に自営業を始めたとき ………… 49
17. 年金をもらった人にかかる税金 ………………………… 51
18. 財産の運用益にかかる税金 ………………………………… 54
19. 所得税の確定申告と納税 …………………………………… 59

第2章 贈与を受けたときの税金——贈与税 (61)

20. 贈与税のしくみ ……………………………………………… 62
21. 贈与による節税対策 ………………………………………… 67

vii

もくじ

22 贈与税の申告と納税 ……………………………………………… 75

第3章 相続したときの税金──相続税 (77)

23 相続のしくみ ……………………………………………………… 78
24 相続税のしくみ …………………………………………………… 81
25 遺言による税金対策 ……………………………………………… 86
26 相続放棄と相続税 ………………………………………………… 88
27 債 務 の 相 続 …………………………………………………… 91
28 葬 式 費 用 …………………………………………………… 94
29 特別受益者の相続分の算定と相続税 …………………………… 97
30 退職金・功労金を相続したとき ………………………………… 100
31 土地・建物を相続したとき ……………………………………… 104
32 株式・同族会社を相続したとき ………………………………… 107
33 個人事業を相続したとき ………………………………………… 109
34 農業を後継者が続けるための方法 ……………………………… 110
35 遺産分割と相続税 ………………………………………………… 112
36 相続人でない人が遺産をもらったとき ………………………… 115
37 相次相続の控除 …………………………………………………… 117
38 相続税の申告のしかた …………………………………………… 118
39 相続税の修正申告・更正の請求のしかた ……………………… 122
40 相続税の納税のしかた …………………………………………… 124

第4章 不動産を取得したときの税金──不動産取得税等 (129)

41 不動産を取得したとき …………………………………………… 130
42 マイホームをローンで新築・購入したり、増改築したとき … 132

もくじ

第5章 不動産を売ったときの税金――譲渡所得税 (137)

43 土地や建物を売ったとき …………………………138

44 不動産を売って損をしたとき …………………………142

45 マイホームを売って損をしたとき …………………………144

第6章 保険と税金 (145)

46 保険金を受け取ったとき …………………………146

第7章 離婚と税金 (151)

47 離婚の際に財産分与を受けたとき …………………………152

48 離婚の際に養育費を一括で支払いを受けたとき …………154

第 1 章

所得があったときの税金

——所得税

1 所得税のしくみ──税額の計算

Q 所得があるとどのように課税されるか。

A 所得は10種類に分かれ、それぞれの所得について収入や必要経費の範囲、所得の計算方法等が定められている。

●所得税のしくみと税額の計算

 所得税は、個人の1年間の収入から必要経費を差し引き、さらに個人の事情に応じた種々の控除額(所得控除)を差し引いた残額に税率をかけて税額を計算します。さらに、税額から個人の事情に応じた控除額(税額控除)を差し引いて最終的に納付する税額を算出します。

 そのしくみは次表のとおりです。

税額の計算方法

①所得金額を計算する	②所得控除を計算する
所得は、その性質によって次の10種類に分かれ、それぞれの所得について、収入や必要経費の範囲、所得の計算方法などが定められています。 ① 利子所得　⑥ 退職所得 ② 配当所得　⑦ 山林所得 ③ 不動産所得　⑧ 譲渡所得 ④ 事業所得　⑨ 一時所得 ⑤ 給与所得　⑩ 雑所得	所得税は、扶養家族が何人いるのかなどの個人的な事情を加味して税負担を調整することとしています。これを「所得控除」といい、次の種類があります。 ① 雑損控除〔7参照〕 ② 医療費控除〔8参照〕 ③ 社会保険料控除〔9参照〕 ④ 小規模企業共済等掛金控除 ⑤ 生命保険料控除〔9参照〕 ⑥ 損害保険料控除〔9参照〕 ⑦ 寄付金控除 ⑧ 障害者控除 ⑨ 老年者控除〔17参照〕 ⑩ 寡婦控除・寡夫控除(27万円、特定の寡婦は35万円)〔10参照〕 ⑪ 勤労学生控除(27万円) ⑫ 配偶者控除〔11参照〕 ⑬ 配偶者特別控除〔12参照〕 ⑭ 扶養控除(38万円、特定扶養親族は63万円〔13参照〕 ⑮ 基礎控除(38万円)
③税額を計算する	
税額は、1年間のすべての所得から所得控除を差し引いた残りの課税所得に税率を適用して計算します。 　なお、配当控除〔18参照〕や住宅借入金等特別控除〔42参照〕などは「税額控除」といい、算出した税額から差し引くことができます。	

1 所得税のしくみ——税額の計算

●「収入」と「所得」との違い
　(1)　個人事業主の場合　　①「収入」とは、売上金額のことです。②「所得」とは、収入を得るのに必要な費用(必要経費)を差し引いた残額のことです。③必要経費は、売上原価(仕入金額)と経費です。

　売上原価のほか、次のような経費が必要経費となります。租税公課、荷造運搬費、水道光熱費、旅費交通費、通信費、広告宣伝費、接待交際費、損害保険料、修繕費、消耗品費、福利厚生費、給料賃金、利子・割引料、地代・家賃、支払手数料、外注工賃、研修費用、損害賠償金、減価償却費等。

　なお、税金のうち必要経費となるものは事業税、固定資産税、自動車税、消費税、収入印紙、登録免許税、不動産取得税、自動車取得税、事業所税、地価税、特別土地保有税です。以上いずれも事業用部分に課せられたものにかぎられます。

　(2)　譲渡所得の場合　　譲渡所得の用紙には、「譲渡代金」「収入金額」「譲渡価額」とまちまちな呼称を使っていますが、みんな同じで、「収入」のことです。譲渡所得の場合、「収入」から必要経費(取得費＋譲渡費用)と特別控除を差しひいた残額が「所得」です〔43参照〕。

　(3)　サラリーマンの場合　　源泉徴収票の「支払金額」欄の金額が「収入」です。その金額からサラリーマンの必要経費ともいうべき給与所得控除を差し引いた残額が「所得」(給与所得控除後の金額)です〔4・5・6参照〕。

●所得控除・税額控除
　なお、上記の「所得」にすぐに税金がかかるわけではなく、前ページ表の②の15種類の所得控除を差し引いた残額(課税所得金額)に税率をかけて算出した税額から、さらに、前ページ表の③の各種の税額控除を差し引いた残額(申告納税額)が実際に納める金額となります。

つまり、所得控除は、個人の事情に応じて所得金額を軽減する制度です。

これに対し、税額控除は、税額そのものから控除される制度です。

なお、金額は多少違いますが、住民税にも所得控除があります。

●**超過累進税率**

税率は4段階に分かれており、課税所得金額に応じて段階的にアップする超過累進税率になっています〔4の表5参照〕。

●**総合課税と分離課税**

所得税の課税方法は、大きく「総合課税」と「分離課税」の二つに分けられます。

所得の種類は、前ページ表の①の10種類に分類されます。

通常は総合課税が建て前となっていますが、利子所得・配当所得・譲渡所得のうち不動産の譲渡、上場株の譲渡・山林所得・退職所得の5所得は、その他の所得と総合せず独自に税額の計算をするもの（分離課税）があります。

●**損益通算とは**

たとえば、不動産所得が赤字になった場合、給与所得の黒字と相殺して、給与所得の税額を減少させるような方法のことを「損益通算」といいます。損益通算には一定の順序があり、また配当・給与・一時・雑の4所得の損失は、他の所得と損益通算できません。

2 所得税のしくみ──確定申告

Q1 確定申告をする義務のある人とは。

　　A1 自営業の人、不動産所得や譲渡所得のあった人、副収入のあった人等は申告の義務がある。

Q2 確定申告をすれば税金が戻ってくるときは。

　　A2 源泉徴収により税金の納め過ぎの場合は税金が戻ってくる。

● **確定申告とは**

　所得税は、納税者が自分の所得を自分で計算して申告する申告納税制度(確定申告)になっています。

　なお、給与所得者は、源泉徴収税額について年末調整が行われますので、確定申告は必要ありません。

● **確定申告をしなければならない人**

　ただし、次の人は確定申告をしなければなりません。

①　自営業の人(商店や工場を経営している人、医師、弁護士、作家など)
②　家賃や地代など不動産所得のあった人
③　不動産を売って譲渡所得のあった人
④　サイドビジネスで副収入のあった人
⑤　年収2,000万円を超える給与収入のあった人
⑥　2カ所以上から給与を受けている人

　なお、給与所得のほかに家賃や原稿料などの所得（必要経費を差し引いた残り）があっても20万円以下の場合は、確定申告をする必要はありません。

第1章 所得があったときの税金——所得税

●確定申告をすれば税金が戻ってくる人

次の人は確定申告をすれば税金が戻ってきます。

① 予定納税〔19参照〕の時より1年間の実績で計算した税額の方が少なくなった人
② 年の中途で退職し再就職していない人〔14参照〕
③ アルバイトで得た給与の金額が、給与所得控除(学生の場合は勤労学生控除を加える)以下で源泉徴収税額のある人〔6参照〕
④ 多額の医療費を支出した人〔8参照〕
⑤ 借入金で住宅を購入又は増改築した一定の条件を備える人〔42参照〕

●申告の対象とならない所得

次の所得は申告の対象となりません。

① 老人等の少額預貯金の利子等
② 心身に加えられた損害につき支払いを受ける慰謝料その他の損害賠償金等の非課税所得
③ 利子所得や株式の譲渡所得などで源泉分離課税となるもの〔老人マル優については、18参照〕。

●非課税所得

所得のうち政策上又は課税技術上所得税を課さないものです。たとえば、遺族年金、一定の金額の通勤手当、損害保険契約にもとづいて支払いを受ける保険金で一定のもの、損害賠償金、香典、老人等の少額預貯金の利子等、国又は地方公共団体に土地を寄付した場合の譲渡所得、相続税を土地で物納した場合の譲渡所得、失業給付、宝くじの賞金などです。

●所得税の申告と納税

申告書は住所を管轄する税務署へ提出します。申告期間は2月16日から3月15日までです。納期限は3月15日です〔くわしくは、19参照〕。

3 所得税の節税対策

Q 所得税の節税対策にはどんなものがあるか。

A 各種控除や損益通算を活用して工夫する。

●所 得 税 対 策

 以下順に説明しますように、①損益通算の利用、②超過累進税率の回避、③計画的な結婚、出産、離婚をして所得控除を活用する、④扶養控除・医療費控除・社会保険料控除等の有効な利用などが考えられます。

●不動産売買の際の工夫

 (1) 不動産の取得日・譲渡日に注意　不動産を譲渡すると多額の譲渡所得税がかかります。不動産を譲渡した場合の譲渡所得税は譲渡した年の「1月1日」における所有期間が5年を超えるか超えないかで税率が大きく異なります〔43参照〕。税法では取得日と譲渡日は、契約締結日、引渡日のいずれを選択してもよいことになっています。どちらを選択するかによって、短期譲渡所得になる場合と長期譲渡所得になる場合がありますので、取得日は早めの契約日を、譲渡日は遅い引渡日とすることが望ましいといえます。

 多額の譲渡益が見込まれる不動産を譲渡するのは、事業所得が赤字になりそうな年か、新築後数年以内で借入金利子や減価償却費で不動産所得が赤字になる年、医療費の支出が多い年などを選んで損益通算〔1・44参照〕をするのが得策です。

 なお、譲渡益が見込まれる土地と、譲渡損が見込まれるマンションを売って損益通算を図る場合は、両者の譲渡の年がズレないように、

第1章　所得があったときの税金―所得税

不動産業者に売り申込をするのは秋以降は避けて、年の初めに申し込むとよいでしょう。

(2)　**不動産の名義の工夫**　多額の収入がある給与所得者が、賃貸用マンションを所有する場合は、超過累進税率を避けるために、収入の少ない妻の名義にすることも考えられます。

> **相談　超過累進税率の回避**
>
> **Q**　賃貸マンションは収入の少ない妻の名義で所有すると節税になりますか。
>
> **A**　サラリーマンの夫が、賃貸マンションを所有して不動産収入を図るケースで、借入金で賃貸マンションを取得する場合は、夫が借り入れて、夫の名義で登記すると、家賃収入は夫の給与所得と総合されます。所得が多くなるほど税率が高くなるしくみ(超過累進税率)になっていますので、妻の名義で借り入れて、妻の名義で登記し、家賃収入は妻が確定申告をすれば税負担は少なくてすみます。妻は従来無収入であっても、今後は家賃収入で借入金を返済できるわけです。また、妻が借り入れる際、たとえば土地は夫の所有である場合、それを担保に提供してもらっても、保証してもらうだけでは妻に贈与税はかかりません。
>
> 　この方法の短所は、次のような点です。
>
> ①　妻自身に相当な収入が生ずることから、夫は配偶者(特別)控除〔11・12参照〕を受けられなくなること
>
> ②　新築後数年間は減価償却費と借入金利子で赤字になることがあっても、不動産所得の赤字を給与所得と損益通算できないこと(もっとも妻の不動産所得が赤字の期間は、夫は配偶者(特別)控除を受けられます)。
>
> ③　最も困ることは貸室が空くこと。昨今は賃貸マンションを建てても満室にならない場合が少なくないので、建築費の全額を借入金によることは危険です。家賃収入が借入金の返済額を相当上回っていることが必要です。万一、家賃収入が返済額に足らずに夫に返済してもらった場合は、妻に贈与税がかかることを覚悟しなければなりません。
>
> 　以上は、夫か妻がすでに土地を所有している場合です。今の時代は土地まで借入金で取得するのは危険ですし、不動産所得が赤字になっても、土地を取得するための借入金の利子相当額は、他の所得と損益通算できません。

なお、マンションの1室を買って賃貸用にする場合も、1棟建てて貸す場合と同じです。

(3)　ワンルームマンションを購入しての節税は過ぎ去った夢　かつてはサラリーマンの節税法として、ワンルームマンションを購入して賃貸するのが流行しました。借入金でワンルームマンションを購入して賃貸すると、取得後何年間かは家賃収入より支払利子や減価償却費の方が多いので、不動産所得は赤字になることから、それを給与所得と損益通算すれば源泉徴収された所得税が還付されるというものでした。

　しかし、その後土地の部分の購入資金に対応する借入金の支払利子は、不動産所得が赤字になっても損益通算を認められなくなり、さらに平成10年4月1日以後に取得した建物は定率法(取得時期に近い年ほど多く減価償却費を計上できる方法)を選択できなくなって、この節税法は効果がなくなりました。

●**各種控除の活用**

(1)　結婚・出産の時期を考慮　12月に子どもが生まれても、扶養控除は満額受けられます。また、1月以後収入のない女性と12月に結婚した場合も配偶者(特別)控除を満額受けられます。

(2)　扶養する者を再考　扶養親族の範囲はかなり広いので再考してみましょう。別居していても認められる場合もあります。

　扶養親族を扶養する者は毎年変わってもよいのです。たとえば夫が老父母を対象にして扶養控除を受けていても、妻に多額の収入があった年は、夫の老父母を対象にして妻が扶養控除を受けるように変更することもできます。夫は自由業で収入が不安定で、妻はサラリーマンで固定収入がある場合なども年によって妻が子を対象にして扶養控除

を受けるとよいでしょう。夫婦ともサラリーマンで、妻の方が収入が多い場合は、妻が扶養控除を受けるべきことはいうまでもありません。

(3) 離婚の時期を考慮　12月に離婚するとほぼ1年間妻を扶養したとしても配偶者(特別)控除を受けられません。なお、扶養している子どもがあり、年間所得が500万円以下の人は、27万円の寡夫控除を受けられます。離婚届の提出は翌年1月がよいでしょう。

(4) 医療費控除の活用　医療を受けた本人でなくても、生計を一つにする(扶養していなくてもよい)配偶者や親族が医療費を支払うようにすれば、その人が医療費控除を受けられるのです。医療費は所得の多い人が全員の分を負担してこれを医療費控除として確定申告をすれば大きな減税となります。

(5) 社会保険料控除の利用　国民年金、国民健康保険、厚生年金、雇用保険等の保険料は、社会保険料控除として全額所得から差し引くことができます。所得の高い人が負担し控除を受けるよう確定申告をすれば減税になります。

●**遊休地の活用**

都市に空地を所有していれば、固定資産税だけでもかなりの負担になりますので、何か収益をあげることを考えたくなります。

駅から近い土地なら駐車場でもよいでしょうが、場所によっては駐車場にしても借り手がないこともあります。賃貸用のマンションやアパートを建てても借り手がなかったり、敷金、権利金を受け取れないような地域が増えてきました。かつてのような高収入は望めなくても、固定資産税を賄えれば空地にしておくよりはよいでしょう。

賃貸用マンションやアパートを建てれば、土地の固定資産税も安くなり、税務署の評価も下がるので相続税対策〔24参照〕にもなります。

3 所得税の節税対策

●**不良資産の処分と損益通算**

　土地・建物やゴルフ会員権は軒並み値下りし、両方とも値上りは当分期待できないようです。思い切って処分して、譲渡損を他の所得と損益通算して所得税を減らすのも一策です〔不動産の譲渡損については、44参照〕。

4 サラリーマンと税金──給与所得と所得税

Q　サラリーマンが税金のことを会社まかせにしていて不都合なことはないか。

　　A　普通は確定申告の必要はないが、申告が必要な人、申告すれば税金が戻ってくる人もある。

●給与やボーナスに対する所得税

　サラリーマンの所得税は、毎月の給与やボーナスから源泉徴収され12月に年末調整で精算されます。毎月の給与やボーナスから源泉徴収される所得税は、「給与所得の源泉徴収税額表」により計算されます。

●年末調整

　結婚や出産などにより年の中途で扶養親族の数が変わったり、生命保険料控除や配偶者特別控除などは年末に控除することになっているため、毎月の給料から源泉徴収された所得税の合計額は、1年間の給与総額に対する所得税額とは必ずしも一致しません。そのためその年の最後の給料を受けるときに、勤務先で年末調整を行って過不足の精算をしてくれます。大部分のサラリーマンは、年末調整によって1年間の所得税の納税が完了しますから確定申告の必要はありません。

●確定申告が必要なサラリーマン

　ただしサラリーマンでも次の人は確定申告をしなければなりません。
① 　給料の年収が2,000万円を超えた人〔5参照〕
② 　給与所得以外の所得金額(収入金額から必要経費を差し引いた残額)が20万円を超えた人

③ 給料を2カ所以上からもらっている人〔6参照〕
④ 住宅借入金等特別控除〔42参照〕を受けたい人
⑤ 医療費控除を受けたい人〔8参照〕
⑥ 雑損控除を受けたい人〔7参照〕
⑦ 年の中途で退職した人〔14参照〕

● **確定申告をすると所得税が戻る場合**

確定申告をする義務のない人でも、次のような場合は、確定申告をすると源泉徴収された所得税が戻ってくる(還付)ことがあります。

① マイホームをローンなどで取得した場合〔42参照〕
② 多額の医療費を支払った場合〔8参照〕
③ 災害や盗難にあった場合〔7参照〕
④ 年の中途で退職し、再就職していない場合〔14参照〕
⑤ 給与所得者の特定支出控除の特例〔6 用語解説 参照〕の適用を受ける場合

● **サラリーマンの必要経費**

大部分のサラリーマンの必要経費は実際に支出した金額ではなく、収入金額に応じた表1の給与所得控除額を差し引きます。

表1　給与所得控除額

年　　収	控　除　額
162万5,000円以下	65万円
162万5,000円を超え180万円以下	年収×0.4
180万円を超え360万円以下	年収×0.3 ＋ 18万円
360万円を超え660万円以下	年収×0.2 ＋ 54万円
660万円を超え1,000万円以下	年収×0.1 ＋120万円
1,000万円を超えたもの	年収×0.05＋170万円

第1章　所得があったときの税金—所得税

●給与所得と所得税額の計算

　給与の収入金額(源泉徴収票の「支払金額」欄の金額)から給与所得控除額を差し引き、次に扶養控除などの所得控除額を差し引いた残額に税率をかけて所得税額を算出します。所得税額から住宅借入金等特別控除などの税額控除を差し引いた残額が最終的な所得税の納税額になります〔下図参照〕。

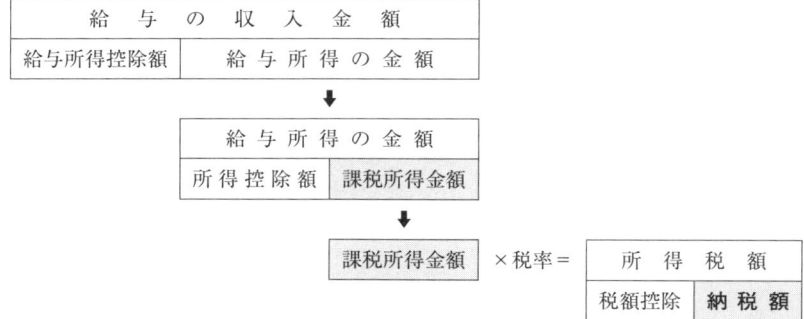

給与所得に対する税額の計算方法

　年収500万円の甲野太郎さんを例にとって、所得税額の算出方法を説明しましょう。

　⑴　給与所得の計算　　給与の収入金額から、給与所得控除額を差し引いた給与所得の金額を算出します。

　サラリーマンの場合は、勤務に伴う必要経費などの概算控除として、給与所得控除額が給与の年収額に応じて定められています。甲野太郎さんの給与収入500万円は表1の「360万円を超え660万円以下」ですから、〔500万円×0.2＋54万円＝154万円〕が給与所得控除額となります。

表2　給与所得控除額

（給与収入）	（給与所得控除額）	（給与所得の金額）
500万円　－	346万円　＝	154万円

(2) 課税所得金額の計算　　給与所得の金額から所得控除額を差し引いて課税所得金額を算出します〔表3参照〕。

所得控除には扶養控除など15種類あります。甲野太郎さんの所得控除の額の合計額は、次のとおり235万円となります。

> 基礎控除38万円、配偶者控除38万円、配偶者特別控除38万円、扶養控除（2人分）76万円、社会保険料控除35万円、生命保険料控除10万円の合計……235万円

表3　課税所得金額

（給与所得の金額）		（所得控除の合計額）		（課税所得金額）
346万円	−	235万円	=	111万円

したがって、課税所得金額は111万円になります。

(3) 所得税額の計算　　甲野太郎さんの所得税額は、表4のように計算して8万8,000円になります。

表4　税額の計算方法

（課税所得金額）（税率）〔表5参照〕
111万円×10％＝11万円
定率減税
　所得税額の20％（最高25万円）
　11万円×20％＝2万2,000円……定率減税額
　11万円−2万2,000円＝8万8,000円……**所得税額**

表5　所得税の税額表（平成13年分）

課税される所得金額	税率	控除額
	％	円
1,000円から 3,299,000円まで	10	0
3,300,000円から 8,999,000円まで	20	330,000
9,000,000円から17,999,000円まで	30	1,230,000
18,000,000円以上	37	2,490,000

5 サラリーマンと税金
——年収が2,000万円を超えた人

Q 給与収入が2,000万円を超えたので、今年は会社で年末調整をしてもらえず自分で確定申告をするようにいわれた。給与収入の必要経費はどうやって計算したらよいか。

A 給与所得控除を利用する方法と収入を得るために実際に支出した金額による方法(特定支出控除)がある。

●給 与 収 入

給与収入とは、源泉徴収票の「支払金額」欄の金額です。

●給与所得控除の利用

簡易給与所得表によると年収が1,000万円を超えた場合は、年収の5％に170万円を加えた金額が給与所得控除額となります〔4の表1参照〕。年収が2,100万円の場合の給与所得控除額は次のようになります。

給与所得控除額の計算方法

〔年収が2,100万円の場合〕
2,100万円 × $\frac{5}{100}$ = 105万円
105万円 + 170万円 = 275万円……給与所得控除額

●特定支出控除

その年の特定支出の額〔6 用語解説 参照〕の合計額が、給与所得控除額を超えるときは、確定申告することにより多い方の金額が控除されます。

6 サラリーマンと税金
——副業をしたとき

> Q　サラリーマンがアルバイトやサイドビジネスをしたとき、2カ所以上から給与をもらったときは確定申告をすべきか。
>
> > A　給与以外の所得(収入－必要経費)が20万円以下なら確定申告は必要ない。

●アルバイトをしたとき

　アルバイトをしたときの給料は、給与所得となります。2カ所以上から給料をもらっている人は、それらの給料を合算して確定申告をしなければなりません。給与所得控除や年末調整は、一つの勤務先だけでしか受けることができませんので、確定申告によって1本化するわけです。

　この場合、確定申告によって所得税を払うこともあるし、所得税が戻ってくることもあります。

　アルバイト先でも源泉徴収されていれば税金が戻ってくる可能性が大きいです。アルバイト先で源泉徴収されていない場合には、税金を払うことになるでしょう。

●サイドビジネスをしたとき

　サイドビジネスの収入があったとしても、その所得(収入から必要経費を差し引いた額)が20万円以下であれば、確定申告の必要はありません。

　サイドビジネスの所得が20万円を超えたときは、雑所得として申告しなければなりません。この場合、サイドビジネスの収入から源泉徴収されている場合には、その所得を申告することによって税金が戻っ

てくることもあります。

> **注意！** 副業などをしたことを勤務先に知られたくない人は
> 確定申告書A(B)の第二表の○住民税に関する事項（○住民税・事業税に関する事項）の「自分で納付（普通徴収）」の□欄に✓を記入すれば副業収入に対する住民税は直接本人に納税通知書が送付され、勤務先に知られることはありません。

● 20万円以下でも申告した方がトクなこともある

　サラリーマンの給与以外の所得が20万円以下であれば、申告しなくてもよいことになっていますが、サイドビジネス収入から源泉徴収されている場合には申告した方がトクすることもあります。サイドビジネス収入が報酬・料金として支払われたものであれば、その金額から10％（100万円を超える部分については20％）の税率で源泉徴収されているはずです。

　たとえば、30万円の収入を得るために必要経費が20万円かかっていれば、雑所得は10万円ですから、確定申告の必要はありません。この人の給与所得にかかる税率が10％の範囲内であるとすれば、雑所得にかかる税金は１万円です。ところが、３万円が源泉徴収されているので、２万円の税金を納め過ぎているということになり、この納め過ぎた２万円は確定申告をすれば、戻ってきます。

● 同族会社の役員の場合

　同族会社の役員が、同族会社から利子や不動産等の賃貸料の支払いを受けた場合は、20万円以下であっても確定申告が必要です。

6　サラリーマンと税金——副業をしたとき

● **還付申告の場合は加算する**

　還付申告をする場合には、給与所得以外の所得が20万円以下であっても、それを含めて計算します。

● **サラリーマンの必要経費・所得控除**

　所得控除とは、各人の個人的な事情、たとえば多額の医療費を支出したとか〔8参照〕、障害者であるなどを考えて、課税の対象となる所得を軽減する措置です。

　サラリーマンの場合は、給料を得るために支出した金額に代えて給与所得控除〔4参照〕があります。大部分のサラリーマンの支出金額は、給与所得控除以下と思われます。たとえば、年収500万円のサラリーマンの給与所得控除額は、154万円です。特定支出〔 用語解説 参照〕の額の合計額が、給与所得控除額を超えれば多い方の金額を選択できます。

> **用語解説**
> **サラリーマンの特定支出控除**
> 　サラリーマンの特定支出控除の特例は、その年中の特定支出の額の合計額が給与所得控除額を超える場合に、確定申告により、その超える部分の金額を給与所得控除後の給与等の金額から控除できるという制度である。
> 　特定支出とは、一定の①通勤費、②転居費、③研修費、④資格取得費、⑤帰宅旅費をいい、この特例の適用を受けるには、特定支出の金額を証する書類などが必要である。

7　災害や盗難にあったとき──雑損控除

Q 災害にあったときは税金が軽減されるか。

A 地震、火災、風水害などの災害により、住宅や家財などに損害を受けたときは、雑損控除か災害減免法による軽減かのいずれか有利な方を選んで所得税を軽減することができる。

●損失の発生原因

災害減免法は、災害による損失にかぎられますが、雑損控除は、災害のほか盗難、横領による損失も対象となります。

●対象となる資産

① 雑損控除は、生活に通常必要な資産にかぎられ商品や店舗などは除かれます。
② 災害減免法は、損害額が2分の1以上である住宅又は家財が対象となります。

●控除額の計算又は所得税の軽減額

(1) 雑損控除　雑損控除額は、表1のイ、ロのうちいずれか多い方の金額です。

表1　雑損控除額の計算方法

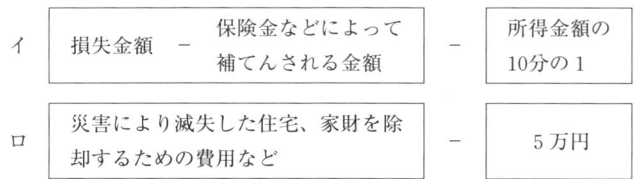

(2) 災害減免法

災害減免法による軽減額は、表2のとおりです。年間所得が1,000

表2　災害減免法による軽減額

所　得　金　額	所得税の軽減額
500万円以下	全額免除
500万円を超え750万円以下	2分の1の軽減
750万円を超え1,000万円以下	4分の1の軽減

万円以下の人に適用されます。

●**翌年以降への繰越し**

　損失額が大きくて、災害等にあった年の所得金額から控除しきれない金額は翌年以後3年間に繰り越して各年の所得金額から雑損控除を受けられます。

8 多額の医療費がかかったとき
——医療費控除

Q 医療費控除はどんな場合に受けられるか。

A 本人や家族が病気やけがをして医療費を支払った場合に医療費控除額を所得から差し引くことができる。

●医療費控除

　医療費控除とは、自分や家族の病気やけがなどにより支払った医療費があるときは、次の算式によって計算した金額を医療費控除として所得から差し引くことができる制度です。

　医療費控除額は次のように計算します。

医療費控除額の計算方法

| その年中に支払った医療費の額 | − | 保険金などで補てんされる金額 *1 | − | 10万円又は所得金額の5％とのいずれか少ない金額 *2 | = | 医療費控除額（最高200万円） |

* 1 「保険金などで補てんされる金額」とは、支払った医療費の額から①会社の健康保険組合からの補助金、②地方公共団体から支給される高額医療費、③医療保険金・入院給付金や損害賠償金などで補てんされた金額などをいいます。
* 2 支払った医療費の額から保険金などで補てんされる金額を差し引いた残額がそっくり医療費控除として所得から差し引けるのではありません。一定の金額を超えた部分だけが医療費控除額となるのです。

　一定の金額とは、通常は10万円ですが、所得の少ない人は、所得金額の5％でよいのです。たとえば、所得金額が150万円の人は、150万円の5％である7万5000円を超える部分の金額が医療費控除額となります。

●医療費控除の対象になるもの

　医療費控除の対象となる医療費とは、次のようなものをいいます。

(1) 次のもののうち、その人の病状に応じて一般的に支出される水準を著しく越えない部分の金額
　① 医師、歯科医師による診療代、治療代
　② 治療、療養のための医薬品の購入費
　③ 病院や診療所、老人保健施設又は助産所に収容されるための費用
　④ あん摩・マッサージ・指圧師、はり師、きゅう師、柔道整復師などによる施術費
　⑤ 保健婦や看護婦、准看護婦、特に依頼した人に支払った療養(在宅療養を含みます)上の世話の費用
　⑥ 助産婦による分べんの介助料

(2) 次のような費用で、診療や治療などを受けるために直接必要なもの
　① 通院費用、入院の部屋代や食事代の費用、医療用器具の購入代や賃借料の費用で、通常必要なもの
　② 義手、義足、松葉づえ、義歯などの購入の費用
　③ 6カ月以上寝たきり状態でおむつの使用が必要であると医師が認めた人のおむつ代(医師が発行した「おむつ使用証明書」と、その証明書をもらった日以後に支出したおむつ代の領収書が必要)

●**医療費控除の対象にならないもの**

次のような費用は医療費控除の対象になりません。
① 医師やナースへの謝礼
② 人間ドックや美容整形の費用
③ 病気予防や健康増進のための医薬品、健康食品の購入費
④ 親族に支払う療養上の世話の費用
⑤ 治療を受けるために直接必要としない眼鏡や補聴器の購入費
⑥ 通院のための自家用車のガソリン代、分べんのため実家に帰るための交通費
⑦ 家族付添人の通院交通費、食事代

第1章 所得があったときの税金——所得税

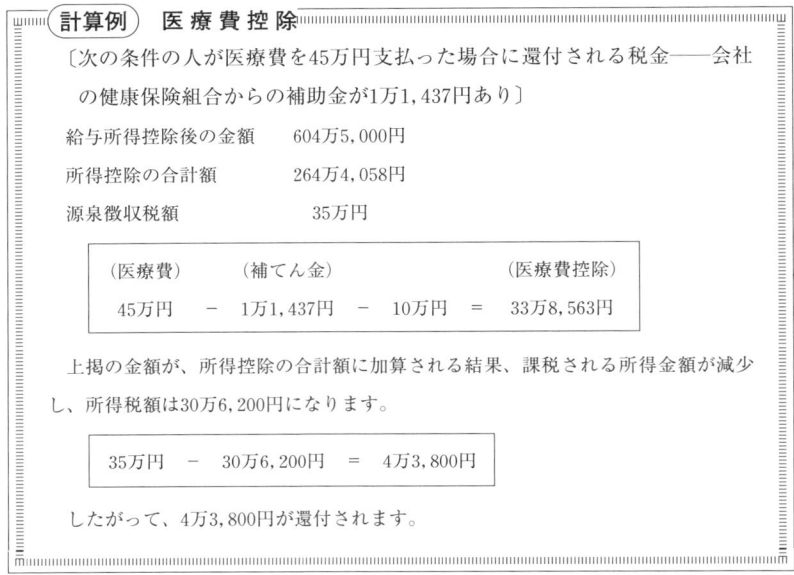

●所得の計算方法

医療費控除と医療費控除を受けた後の所得税額の計算は 計算例 で説明します。

●10万円を超えないと医療費控除は受けられないか

10万円以下でも所得金額の5％を超える金額は医療費控除の対象になります。たとえば、所得金額(確定申告書の「合計⑤」欄、確定申告書Bの「合計⑨」欄源泉徴収票の「給与所得控除後の金額」欄の金額)が150万円の人は、150万円の5％である7万5,000円を超える部分の金額が医療費控除額となります。

●納税額のない人も医療費控除を受けられるか

多額の医療費を支出した年は、一定の金額を医療費控除として所得金額から減額できます。その結果、予定納税額や源泉徴収税額の一部が還付されます。しかし、納税額のない人には還付されません。

8　多額の医療費がかかったとき

　なお、東京都の場合は、健康保険診療分として6万3,600円を超える医療費を支払ったときは、その超えた分(高額医療費)を保険者(国民健康保険は東京都)から支給されます。

> **注意！** 領収証は年末まで捨てないで
>
> 　医療費控除を受けるためには、医師などの領収書等を確定申告書に添付するか、確定申告書の提出の際に提示する必要があります。
>
> 　10万円(又は合計所得金額〔11 用語解説 参照〕の5％)を超える医療費を支出するかどうかは1年経ってみないとわかりません。少額の医療費や薬代の領収証も予期しない病気やけが、計画外の出産があったときのために保存しておいて合計して医療費控除を受けるとよいでしょう。

● **医療費は収入の多い人が控除を受ける**

　共働き夫婦や親と同居している複数の独身の子がいる場合は、生計を一つにしている家族の分も含めて、最も所得の多い人が控除を受けると累進税率が緩和されることが期待されます。各自が控除を受けようとしても、10万円を超えないため受けられないときも、複数の人の医療費を合計すれば10万円を超えるようになることもあるでしょう。

　医療費控除を受けられる金額が30万円あった場合、所得税の税率が10％のランクの人が控除を受ければ還付金は3万円ですが、20％のランクの人が控除を受ければ還付金は6万円になります。

● **通院の交通費は領収証がなくても認められる**

　通院の交通費は、領収証がなくても、ノートに日付、金額、乗車区間、病院名を書いておけば、病院の領収証と日付、病院名が一致すれば認められます。

　売薬を買ったレシートには薬の名称を補記しておきましょう。

9 社会保険料控除・生命保険料控除・損害保険料控除

Q 社会保険料控除・生命保険料控除・損害保険料控除はどんな場合に受けられるか。

A 1年間に支払った納税者本人や家族の保険料の一定額を所得から差し引くことができる。

●社会保険料控除

これは、納税者、配偶者、生計を一つにする親族が健康保険の保険料や国民年金の保険料などの社会保険料を負担したときに、その金額を所得から差し引く制度です。

●生命保険料控除

これは、納税者が生命保険料又は個人年金保険料を支払った場合、支払った保険料をもとにして表1の算式で計算した金額を所得から差し引く制度です。

表1 生命保険料控除額の計算方法

生命保険料控除額	① 一般の保険料Ⓐの金額を下の(i)から(iii)にあてはめて、そのⒶの金額をもとに計算した金額(最高5万円) ② 個人年金保険料Ⓑの金額を下の(i)から(iii)にあてはめて、そのⒷの金額をもとに計算した金額(最高5万円) ③ ①+② 　(i) 25,000円までの場合 ……………………(Ⓐ又はⒷの金額) 　(ii) 25,000円を超え50,000円までの場合 　　　………………………………(Ⓐ又はⒷ)×$\frac{1}{2}$+12,500円) 　(iii) 50,000円を超える場合 …………(Ⓐ又はⒷ)×$\frac{1}{4}$+25,000円)

9 社会保険料控除・生命保険料控除・損害保険料控除

●**損害保険料控除**

これは、いわゆる火災保険、傷害や病気の保険の保険料を払った場合に、長期保険料か短期保険料かの区分によって、表2の算式で計算した金額を限度として所得から差し引くことができる制度です。

表2　損害保険料控除額の計算

損害保険料控除額	① 長期保険料©の金額(©の金額が10,000円を超える場合は、$© \times \frac{1}{2} + 5,000円$)（最高15,000円）
	② 短期保険料Ⓓの金額(Ⓓの金額が2,000円を超える場合は、$Ⓓ \times \frac{1}{2} + 1,000円$)（最高3,000円）
	③ ①＋②（最高15,000円）

●**何年分で計上すべきか**

滞納していた過年分の国民年金保険料を本年に払った場合は、本年分の社会保険料控除に含めて申告します。

●**国民年金の掛金を父が負担した場合**

子が20歳になったので国民年金に加入したが、まだ子には収入がないので父が掛金を負担した場合は、父の社会保険料控除に含めて申告できます。

●**個人年金保険料とは**

次のものをいいます。

① 生命保険や農協の生命共済については、「個人年金用」の証明書が発行されているものは、その証明書に記載された保険料
　「個人年金用・一般用」や「個人年金・一般用」の証明書が発行されているものは、その証明書に記載された個人年金の部分の保険料
② 郵政省の簡易保険は、「個人年金保険料控除用」の証明書が発行さ

れているものは、その証明書の個人年金の部分の保険料
③ 全国共済水産業協同組合連合会や全国労働者共済生活協同組合連合会の生命共済は、「個人年金保険料控除申告用」の証明書、教職員共済生活協同組合の生命共済は、「個人年金控除用」の証明書に記載された保険料

● 「支払保険料」欄への記入のしかた

確定申告書AおよびBの第二表の「⑨損害保険料控除」欄は、支払った保険料から配当金の額を差し引いた金額を記入します。

*
* *

10 寡婦(寡夫)控除

Q 寡婦(寡夫)控除はどんな場合に受けられるか。

A 納税者本人が寡婦又は寡夫であるときは、所得から27万円(特別の寡婦は35万円)を差し引くことができる。

老年者(65歳以上)に該当する人は、老年者控除〔17 コラム 参照〕の対象となるので、寡婦(寡夫)控除は受けられません。

● 寡婦控除の要件

寡婦とは、老年者(65歳以上)に該当しない人で、次のいずれかに該当する人をいいます。寡婦控除として所得の合計額から27万円を控除できます。

① 夫と死別又は離婚した後再婚していない女性や、夫の生死の明らかでない女性で、扶養親族や、生計を一つにしている子で合計所得金額〔11 用語解説 参照〕が基礎控除額(38万円)以下の者を有する人(所得制限なし)

② 夫と死別した後再婚していない女性や夫の生死の明らかでない女性で、合計所得金額が500万円以下の人(扶養親族等を必要としない)

また、女性の場合にかぎり次の条件を満たしている場合(特別の寡婦)には、所得の合計額から35万円を控除できます。

　寡婦のうち、夫と死別又は離婚した後再婚していない女性や夫の生死が明らかでない女性で、扶養親族である子があって、女性の合計所得金額が500万円以下の人

● 寡夫控除の要件

寡夫とは、老年者(65歳以上)に該当しない人で、次のすべてに該当

する人をいいます。寡夫控除として所得の合計額から27万円を控除できます。
　① 妻と死別又は離婚した後再婚していない男性や、妻の生死の明らかでない男性
　② 生計を一つにする子があり、その子の合計所得金額が基礎控除額以下であること
　③ 男性の合計所得金額が500万円以下であること

● **相続した現金預金は含まない**

　寡婦(寡夫)控除の要件となっている「合計所得金額が500万円以下」というこの500万円には相続した現金預金は含みません。財産の移転であって収入ではないからです。

● **マル優は寡婦にも認められる**

　マル優〔18参照〕の取扱いを受けられるのは18であげた人のほか「これらの者に準ずる一定の者」が規定されており、児童扶養手当の受給者である児童の母も含まれます。

＊
＊　＊

11 配偶者控除

Q 配偶者控除はどんな場合に受けられるか。

A 納税者に控除対象配偶者がいるときは、所得から一定の金額を差し引くことができる。

●配偶者控除

　配偶者控除とは、本人に控除の対象となる配偶者がいる場合に受けられます。

　控除の対象となる配偶者とは、①本人と生計を一つにしており、②配偶者の年間の合計所得金額（用語解説 参照）が38万円以下（給与収入では103万円以下）であることが条件となります。

　このように、妻になんらかの所得がある場合、妻の年間所得が38万円以下でなければ、配偶者控除は受けられませんが、76万円未満（給与収入では141万円未満）であれば、本人の合計所得金額が1,000万円以下の場合は、配偶者特別控除が受けられます。

　妻の所得は、〔給与収入－給与所得控除＝給与所得〕、又は〔収入－必要経費＝雑所得又は事業所得〕で計算されます。

　たとえば、所得（38万円）＋必要経費（65万円）＝収入（103万円）の場合、収入が103万円を超えると、所得が基礎控除の38万円を超えることになりますので、超えた部分には、妻自身に所得税がかかってきます。つまり、配偶者控除が受けられるのは、妻の収入は103万円以下ということになります。

　また、配偶者が同居特別障害者に該当する場合は、38万円に35万円が加算され、計73万円の控除額になります。

　配偶者が70歳以上で同居特別障害者に該当しない場合には、48万円

の控除額になります。

さらに、配偶者が70歳以上であり、しかも同居特別障害者に該当する場合は、48万円に35万円が加算され、計83万円の控除額になります。

同居特別障害者にも老人控除対象配偶者にも該当しない配偶者は、38万円の控除額になります。

以上の配偶者控除額を整理すると次表のようになります〔 用語解説 参照〕。

配偶者控除額

① 同居特別障害者に該当する老人控除対象配偶者……83万円
② 同居特別障害者に該当する①以外の控除対象配偶者……73万円
③ ①以外の老人控除対象配偶者……48万円
④ ①〜③以外の控除対象配偶者……38万円

用語解説

特別障害者
障害者(精神上の障害により事理を弁識する能力を欠く常況にある人。失明者その他精神又は身体に障害がある一定の人)のうち、精神又は身体に重度の障害がある一定の人を「特別障害者」という。

同居特別障害者
特別障害者で、かつ納税者又は納税者と生計を一つにするその他の親族のいずれかと同居を常況としている場合を「同居特別障害者」という。

老人控除対象配偶者
控除対象配偶者のうち、年齢70歳以上の人を「老人控除対象配偶者」という。

●内縁の妻

配偶者とは、民法の規定による配偶者をいいます。内縁の妻は含まれません。

●年の中途で離婚した人

12月31日現在で判定するので、この場合は配偶者控除は受けられません。

●年の中途で死亡した場合

この場合は配偶者控除を受けられます。

11　配偶者控除

●**専従者給与(控除)との関係**

　青色専従者給与を受けている人、白色申告者の専従者控除の対象とされている人は、重ねて配偶者控除を受けられません。

●**妻にパート収入がある場合**

　妻がお店や工場などに雇われて給料をもらう場合は、給与所得となります。この場合は年間収入が103万円以下であれば、夫は配偶者控除を受けられます。

　(1)　103万円と130万円　　妻のパート収入(給料)が、103万円を超えると、夫は配偶者控除を受けられなくなります。そして妻にも所得税がかかります。

　妻のパート収入(給料)が130万円以上になると、夫から抜けて自分で国民健康保険料等を払わなければならなくなります。

　(2)　夫の所得金額に関係なし　　配偶者特別控除は、夫の合計所得金額が1,000万円を超えると受けられませんが、配偶者控除は夫の合計所得金額が1,000万円を超えても受けられます。

●**103万円は給与所得の場合だけ**

　妻のパート収入でも、たとえば化粧品のセールスや教材販売など事業所得〔16参照〕になる場合は、収入から必要経費を差し引いた残額が、38万円以下の場合でないと夫は配偶者控除を受けられません。

●**内職などの収入があるとき**

　内職などの収入は、収入から必要経費を差し引いた残りが事業所得又は雑所得となります。ただし、パート収入とのバランスを図るため、次の①②のいずれにもあてはまる人については、必要経費が65万円に満たない場合は、65万円(収入金額が限度)を必要経費として差し引くこ

とができます。
① 家内労働者、外交員、集金人、電力量計の検針人又は特定の人に対して継続して労務の提供をする人
② 事業所得および雑所得の必要経費と給与所得の収入金額の合計が65万円に満たない人

したがって、収入が内職だけの場合は、パート収入と同様に年収が103万円以下ですと所得税はかかりません。

また、配偶者控除や配偶者特別控除の適用についても、パート収入と同じ取扱いになりますので、103万円を超えて働いても「手取りの逆転現象」は税の面では解消されています。

● 住　民　税

妻の収入金額が103万円を超えなければ、妻に所得税はかかりませんが、100万円を超えると住民税はかかります。

● 重　複　適　用

控除対象配偶者が障害者であるときは、障害者控除27万円（特別障害者は40万円）も併せて受けることができます。

> **用語解説**
>
> **合計所得金額**
> 合計所得金額とは、純損失[*1]、雑損失[*2]の繰越控除、特定中小会社が発行した株式に係る譲渡損失の繰越控除および特定の居住用財産の買換え等の場合の譲渡損失の繰越控除を適用しないで計算した総所得金額、分離課税の土地建物等に係る譲渡所得の金額（特別控除前）、申告分離課税の株式等に係る譲渡所得等の金額、山林所得金額および退職所得金額の合計額をいいます。
> 　ただし、各種損失の繰越控除を適用した人は、その金額を総所得金額に加算してください。[*3]
> 　＊1　純損失の金額とは、損益通算〔1・44参照〕をしてもなお損失の金額が残った場合のその残った損失の金額をいいます。

11　配偶者控除

　　青色申告を提出している人は、純損失の金額を将来の3年間に繰り越して所得金額から差し引くことができます(これを「純損失の繰越控除」といいます)。また、純損失の金額を前年分の所得から差し引いて、前年分の所得税額の還付を請求することもできます。

＊2　雑損失の金額とは、雑損控除額〔7参照〕をいいます。

　　雑損控除額を損失が発生した年の所得金額から引き切れない場合は、将来の3年間に繰り越して所得金額から差し引くことができます(これを「雑損失の繰越控除」といいます)。

　　これは、青色申告をしていない人にも適用があります。

＊3　総所得金額とは、総合課税の所得金額の合計額をいいます。不動産の譲渡等の分離課税の所得、山林所得、退職所得の金額を含みません。

　　なお、純損失および雑損失の繰越控除をした場合は、繰越控除後の金額となります。

12 配偶者特別控除

Q　配偶者特別控除はどんな場合に受けられるか。

A　夫の所得が1,000万円以下で妻の所得が76万円未満の場合に、3万円〜38万円を差し引くことができる。

●配偶者特別控除

　配偶者特別控除とは、合計所得金額〔11 用語解説 参照〕が1,000万円以下の人について、配偶者の所得が76万円(パート収入だけなら141万円)未満の場合には、本人の所得金額から表1・表2にあてはめた控除額3万円〜38万円を差し引くことができるという制度です。

　要約すれば、妻の給与収入が103万円以下の場合、夫は配偶者控除を受けられます。そして妻の給与収入が103万円未満の人はさらに配偶者特別控除も受けられます。ただし、夫の合計所得金額が1,000万円を超える場合は、配偶者特別控除は受けられません。

　また、妻の給与収入が103万円を超えると、配偶者控除は受けられませんが、103万円を超え141万円未満の場合は、配偶者特別控除は受けられます。

●配偶者特別控除制度ができたワケ

　配偶者控除は、妻のパート収入(給料)が103万円を超えるととたんになくなって、夫の所得税は急増します。これでは妻の収入が増えても夫の収入が減るので、2人の合計の手取り金額が減ってしまいます。

　この激変緩和と逆転現象を解消するために登場したのが配偶者特別控除です〔表1・表2参照〕。

　配偶者特別控除は妻の収入が増えるに従って逓減していき、103万

12　配偶者特別控除

表1　配偶者特別控除額の早見表(平成13年分)

(給与収入金額で判定する場合)

	配偶者のパート収入*	配偶者控除額	配偶者特別控除額	合計控除額
控除対象配偶者にあたる場合	70万円未満	38(万円)	38(万円)	76(万円)
	70万円以上　75万円未満	38	33	71
	75万円以上　80万円未満	38	28	66
	80万円以上　85万円未満	38	23	61
	85万円以上　90万円未満	38	18	56
	90万円以上　95万円未満	38	13	51
	95万円以上　100万円未満	38	8	46
	100万円以上　103万円未満	38	3	41
	103万円	38	0	38
控除対象配偶者にあたらない場合	103万円超え　105万円未満	0	38	38
	105万円以上　110万円未満	0	36	36
	110万円以上　115万円未満	0	31	31
	115万円以上　120万円未満	0	26	26
	120万円以上　125万円未満	0	21	21
	125万円以上　130万円未満	0	16	16
	130万円以上　135万円未満	0	11	11
	135万円以上　140万円未満	0	6	6
	140万円以上　141万円未満	0	3	3
	141万円以上	0	0	0

＊　「配偶者のパート収入」から65万円を控除した残額が所得金額となる。

表2　配偶者特別控除額の早見表(平成13年分)

(所得金額で判定する場合)

	配偶者の合計所得金額	控除額		配偶者の合計所得金額	控除額
控除対象配偶者にあたる場合	49,999円まで	38万円	控除対象配偶者にあたらない場合	380,001円から399,999円まで	38万円
	50,000円から 99,999円まで	33万円		400,000円から449,999円まで	36万円
	100,000円から149,999円まで	28万円		450,000円から499,999円まで	31万円
	150,000円から199,999円まで	23万円		500,000円から549,999円まで	26万円
	200,000円から249,999円まで	18万円		550,000円から599,999円まで	21万円
	250,000円から299,999円まで	13万円		600,000円から649,999円まで	16万円
	300,000円から349,999円まで	8万円		650,000円から699,999円まで	11万円
	350,000円から379,999円まで	3万円		700,000円から749,999円まで	6万円
	380,000円	0円		750,000円から759,999円まで	3万円
				760,000円以上	0円

第1章 所得があったときの税金——所得税

円でゼロになりますが、103万円を超えて配偶者控除がなくなると復活します。しかし、配偶者特別控除も配偶者の収入が増えるに従って逓減していき、141万円になるとゼロになります。

> **相談1　妻にパート収入がある場合**
>
> **Q**　妻にパート収入(年間給与118万5,000円)がある夫(年金収入180万円)の場合、配偶者特別控除が受けられるでしょうか。
>
> **A**　妻は〔収入金額118万5,000円−給与所得控除65万円＝所得金額53万5,000円〕で、所得金額が基礎控除額の38万円を超えるので、夫は配偶者控除を受けられません。しかし、収入金額が表1の「控除対象配偶者にあたらない場合」欄の「115万円以上120万円未満」のランクに該当しますので、26万円の配偶者特別控除が受けられます。
>
> **相談2　妻に事業所得がある場合**
>
> **Q**　妻が化粧品のセールスをして、年間の売上げが320万円、必要経費が240万円の場合、配偶者特別控除を受けられますか。夫の所得は650万円です。
>
> **A**　次の計算により所得金額が基礎控除(38万円)を超えるので、配偶者控除を受けられません。表2の「控除対象配偶者にあたらない場合」の「760,000円以上」に該当しますから、配偶者特別控除も受けられません。
>
> ```
> (収入金額)　(必要経費)　(所得金額)
>  320万円  −  240万円  ＝  80万円
> ```

13 扶養控除

Q 扶養控除はどんな場合に受けられるか。

A 扶養親族がいる場合に、一定金額を所得から差し引くことができる。

●**扶養控除の対象になる人**

扶養控除とは、子どもや妻、両親などを扶養している場合に受けられる控除です。扶養控除を受けられる扶養親族の条件には次のようなものがあり、そのすべてを満たしていなければなりません。

① 本人と生計を一つにしている扶養親族であること　日常生活の資を共にしている親族をいう。夫が単身赴任したり、子が都会の大学に通学したりして家族と別居していても、生活費や学資を送金していれば生計を一つにする親族となる。
② 本人以外の人の扶養親族になっていないこと
③ 扶養親族の年間の合計所得金額が38万円以下であること
④ 扶養親族が事業専従者となっていないこと

扶養控除額は、扶養家族の年齢〔表1〕や障害の有無〔表2〕などによって異なってきますが、基本額は38万円です。

表1　年齢による加算

① その年の12月31日現在で、70歳以上の被扶養者の場合……48万円
② 70歳以上の被扶養者が同居老親(本人か配偶者の直系尊属)の場合……58万円
③ その年の12月31日現在で16歳から22歳までの被扶養者(特定扶養親族)の場合　……63万円
④ 上記以外の年齢の被扶養者(一般の扶養親族)……38万円

さらに、被扶養者が「特別障害者」〔11 用語解説 参照〕の場合には、それぞれ35万円が加算されます。

また、扶養控除は、扶養家族1人につき、それぞれ控除が受けられ

表2　障害の程度による加算

①	70歳以上の被扶養者で同居特別障害者の場合……48万円+35万円=83万円
②	70歳以上の被扶養者が同居老親であり、同居特別障害者である場合 ……58万円+35万円=93万円
③	16歳から22歳までの被扶養者で、同居特別障害者の場合 ……63万円+35万円=98万円
④	同居特別障害者で、上記①②③以外の年齢の被扶養者の場合 ……38万円+35万円=73万円

ますので、家族全体で合計して計算してください。

●年の中途で就職したため合計所得金額が38万円を超える子

　子が就職した年からは扶養控除の対象にできません。

●年の中途で死亡した扶養親族

　扶養親族が死亡した年も扶養控除の対象となります。

●子や老親の扶養控除は収入の多い人が控除を受ける

　共働きだったら、子や老親の扶養控除は、夫にかぎらずいずれか収入の多い人が控除を受けた方が、累進税率の緩和が期待されます。医療費控除〔8参照〕も同じです。

　親と同居している複数の独身の子が、老親を扶養する場合も同じことがいえます。

13 扶養控除

> **相談**　扶養控除の適否
>
> **Q**　父は73歳で、厚生年金が208万円あります。この場合、子は父を対象に扶養控除を受けられますか。
>
> 　　母は66歳で無収入です。母を子の扶養控除の対象とするとともに、父の配偶者(特別)控除の対象にできますか。
>
> **A**　65歳以上の人は、公的年金収入が140万円から260万円未満までの場合は、公的年金の控除額が140万円ありますが次の計算により所得金額が基礎控除額(38万円)を超えるので、子は扶養控除を受けられません。
>
> ```
> (収入金額)   (必要経費)   (所得金額)
>  208万円  －  140万円  ＝  68万円
> ```
>
> 　無収入の母を対象として子が扶養控除を受けることはできますが、その場合は父は母を対象として配偶者(特別)控除を受けることはできません。
>
> 　また、母を対象として父が配偶者(特別)控除を受けることはできますが、その場合は子は母を対象として扶養控除を受けることはできません。
>
> 　父か子かいずれか所得金額の多い方から控除するとよいでしょう。

14 中途退職して再就職しなかったとき

Q サラリーマンが年の中途で退職した場合は、確定申告をすべきか。

A 確定申告をすれば源泉徴収されていた所得税が戻ってくる。

●所得税が戻ってくるワケ

年の中途で退職し、その後再就職をしていない人は、確定申告をすれば、源泉徴収されていた所得税が戻ってきます。

毎月もらう給料から所得税が天引きされていますが、この税金の天引きを「源泉徴収」といいます。源泉徴収される金額は、確定した所得税ではなく、あくまでも見積りの所得税です。

年末まで勤めていれば、勤務先で年末調整を行って、見積りの所得税と確定した所得税の差額の精算をしてくれます。ただし、退職した人は、確定申告によって自分で差額を精算することになります。

源泉徴収は、1年間を通して勤務するものと仮定して行われ、中途退職してその後に所得がない人は、その年の所得が源泉徴収のときに仮定した所得よりも少なくなる(所得税は所得が多いほど税率が高くなっているため)ので、税金の納め過ぎになっているのです。

特に年の中途で扶養親族の数に異動があったり、配偶者特別控除〔12参照〕、生命保険料控除〔9参照〕、損害保険料控除〔9参照〕、住宅借入金等特別控除〔42参照〕を受けるように確定申告をすれば税金の戻りが多くなります。

14 中途退職して再就職しなかったとき

●**退職後、再就職した場合**

退職した会社の源泉徴収票を12月現在在職している会社へ提出して、合計した金額で年末調整をしてもらいます。

その年最後に勤務している会社がそれを拒否した場合は、源泉徴収票を全部揃えて自分で確定申告をします。

●**定年退職して年金生活になったら**

年金収入を雑所得として毎年確定申告をしなければなりません〔17参照〕。

●**失業給付に税金がかかるか**

雇用保険法により支給を受ける失業給付は非課税です。

> **相談1　年金受給者の夫が死亡した場合**
>
> **Q**　10月21日に夫が死亡しました。1月以来の夫の収入は、厚生年金220万円、夫は68歳、被扶養者は妻(65歳、無収入)のみです。確定申告をしなければなりませんか。
>
> **A**　確定申告をしてきた人が、年の中途で死亡した場合は、原則として相続人が4カ月以内に準確定申告をしなければなりません。
>
> しかし、ご主人の場合は、所得金額が所得控除以下ですので、準確定申告は必要ありません。
>
> 68歳の人は、公的年金収入が260万円未満だと公的年金控除が140万円受けられます。したがって次の計算となり、さらに所得控除を差し引くと課税ゼロとなります。
>
> | (年金収入) | (公的年金控除) | (所得金額) |
> |---|---|---|
> | 220万円 － | 140万円 ＝ | 80万円 |

第 1 章　所得があったときの税金──所得税

> (所得金額)　(配偶者控除)　(配偶者特別控除)　(基礎控除)　(課税所得金額)
> 　80万円　－　38万円　－　　　38万円　　－　38万円　＝　　　0

　なお、夫の死後に妻に支給される年金の一部は、「遺族年金」と称して非課税です。確定申告は必要ありません。

相談 2　脱サラと税金

Q　3月に会社を退職、4月から自営業、来年1月から法人にする予定です。確定申告をする必要がありますか。

A　1月から3月までは給与所得、4月から12月までは事業所得として、合計した所得金額に対して税率をかけ、算出された税額から源泉徴収された税額を差し引いた残額を納税額として確定申告をします。

　事業所得が赤字の場合は、給与所得と損益通算〔1・44参照〕します。

　法人にした後は法人税を申告し、納税することになりますが、社長として給与を受けるときは、給与から所得税を源泉徴収します。配当など給与以外の所得がなく、給与収入の金額が2,000万円以下の場合は、年末調整だけで、個人の分は確定申告は必要ありません。

15 退職金をもらったとき

Q 退職金にはどんな税金がかかるか。

A 一時金型には退職所得として所得税と住民税が、年金型には雑所得として所得税と住民税が、死亡退職金には相続税がかかる。

退職金は、生前退職金と死亡退職金があり、生前退職金は一時金型と年金型に分けられます。

● 一時金型の退職所得の税金

一時金型の退職金をもらった人には退職所得として所得税と住民税がかかります。通常、退職金の支払いを受けるときに源泉徴収されます。この退職金は、長年の勤労に対する報償的給与を一時に支払うものであることなどから、退職所得控除を設けたり、他の所得と分離して課税されるなど、税負担が軽くすむよう配慮されています。

なお、退職所得についても源泉徴収票が交付されます。

所得税額は次のように計算します。まず、もらった退職金額から退職所得控除額を差し引きます。退職所得控除額は勤続年数に応じて表1のようになります。

次に表2のように退職金額から退職所得控除額を差し引いた残額の2分の1（課税退職所得金額）に税率をかけて税額を算出します〔**計算例**参照〕。

第1章 所得があったときの税金――所得税

表1 退職所得控除額

① 通常の退職の場合 *1
　㋑ 勤続年数が20年以下の場合

> 40万円×勤続年数(80万円より少ないときは80万円) *2

　㋺ 勤続年数が20年を超える場合

> 70万円×(勤続年数−20年)+800万円

② 障害者になったことが原因で退職した場合
　①によって計算した金額に100万円を加算した金額

* 1　勤続年数に1年未満の端数があるときは、たとえ1日でも1年として計算します。
* 2　上記の算式によって計算した金額が80万円未満の場合は、80万円とされます。

表2 税額の計算

> 課税退職所得金額＝(退職金額−退職所得控除額)×$\frac{1}{2}$
> 税額＝課税退職所得金額×税率−控除額

表3 課税退職所得金額に対する所得税の税額表

課税退職所得金額	税率	控除額
1,000円から 3,299,000円まで	10%	0円
3,300,000円から 8,999,000円まで	20%	330,000円
9,000,000円から17,999,000円まで	30%	1,230,000円
18,000,000円以上	37%	2,490,000円

●住 民 税

住民税は、課税退職所得金額に次の税率により計算します。

都民税の税率

課税所得金額	税率	速算控除額
700万円以下	2%	—
700万円超	3%	7万円

区市町村民税の税率

課税所得金額	税率	速算控除額
200万円以下	3%	—
700万円以下	8%	10万円
700万円超	10%	24万円

上掲の税率によって算出された金額から、さらに10％減額した金額が実際の納付額になります〔**計算例**参照〕。

なお、一時金型の退職所得に対する税金は、原則として源泉徴収によって納税しますので通常は確定申告の必要はありません。

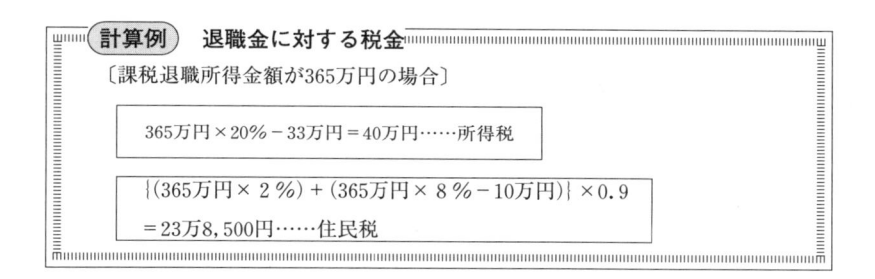

> **計算例** 退職金に対する税金
> 〔課税退職所得金額が365万円の場合〕
>
> 365万円×20％－33万円＝40万円……所得税
>
> {(365万円×2％)＋(365万円×8％－10万円)}×0.9
> ＝23万8,500円……住民税

●年金型の退職所得の税金

年金型の退職金をもらった人は、公的年金等に係る雑所得として確定申告が必要です。その際公的年金控除を差し引くことができます〔17参照〕。所得税のほか住民税もかかります。

●死亡退職金の税金

死亡退職金をもらった人には、所得税でなく相続税がかかります。この場合、法定相続人１人につき500万円の控除があります〔24参照〕。

●年金型の退職金を一時金として受け取った場合

(1) 年金型の退職金を受給者が死亡したため、遺族が一時金として受け取った場合は、相続により取得したものとみなされて相続税がかかります。

なお、この場合、死亡退職金の場合の控除(500万円×相続人数)は受けられません。

(2) 年金型の退職金を受給者が一時金として受け取った場合は、退

第1章 所得があったときの税金――所得税

> **注意!** サラリーマンが退職後に必要なこと
> ① 年金収入を雑所得として毎年所得税の確定申告をします〔17参照〕。その結果追徴になる人と源泉徴収税額が還付になる人とが生じます。追徴になる人は、追徴税額を納付書により銀行か郵便局で納付します。還付になる人は、希望する銀行か郵便局で受け取ることができます。
> ② 確定申告書にもとづいて区(市)役所から、住民税の納税通知書が送られてきます。銀行か郵便局で納付します。
> ③ 心すべきことは退職した翌年です。給料から年金になって収入が激減したのに、退職した年の給料と退職金に対する住民税が翌年にドカンとくるからです。
> ④ 退職金については、原則として所得税は源泉徴収ですみますので、確定申告の必要はありません。
> ⑤ 退職後、他社へ再就職したり、自営業を始めた人は、年金収入(雑所得)と共に給与所得や事業所得を確定申告しなければなりません。

職所得として、所得税と住民税がかかります。

*
* *

16 サラリーマンが定年後に自営業を始めたとき

Q 定年退職後は趣味を生かしてカメラ店を営みたいと思う。税金関係はどうなるか。

A 今後は自分で確定申告をしなければならない。そのためには記帳と決算が必要になる。

●事業所得又は雑所得の場合

たとえば、サラリーマンや学生が原稿を書いて若干の収入を得たような場合は雑所得になりますが、定職をもたず、通年、セールスなどをして収入を得ている人は事業所得になります。

収入から必要経費を差し引いた残額が、基礎控除などの所得控除額を超える人は確定申告が必要です。

●家内労働者等の事業所得等の所得計算の特例

次の①②のいずれにもあてはまる人の事業所得および雑所得の必要経費に算入する金額については、必要経費の実額に代えて65万円を控除することができます。

① 家内労働者、外交員、集金人、電力量計の検針人又は特定の者に対して継続的に人的役務の提供を行うことを業務とする人
② 事業所得および雑所得の金額の計算上必要経費に算入すべき金額が65万円に満たない人

●家内労働者等の範囲

家内労働者とは、物品の製造、修理、販売等を業とする者等から、

主として労働の対償を得るために、その業務の目的物たる物品について委託を受けて、物品の製造、修理等に従事する者であって、その業務について同居の親族以外の者を使用しないことを常態とするものをいいます。

　特定の者に対して継続的に人的役務の提供を行うことを業務とする者には、損害保険代理業やクリーニングの取次業、写真現像焼付の取扱業、宅配便の取次業のように、「特定の者」は必ずしも単数でなくても人的サービスの提供先として特定しているものは含まれますが、学習塾経営者や弁護士、税理士のように、不特定の者を対象として人的サービスを提供するものは含まれません。

＊
＊　＊

17 年金をもらった人にかかる税金

> Q　年金収入にはどんな税金がかかるか。
>
> A　雑所得として所得税と住民税がかかる。

●年金収入は雑所得

　国民年金・厚生年金などの公的年金等や生命保険契約にもとづく年金などの公的年金等以外の年金を受け取ったときには、通常、雑所得になります。

　(1)　公的年金等とは　　公的年金等には次のものがあります。

　　①　国民年金法、厚生年金保険法、国家公務員共済組合法などの法律の規定にもとづく年金
　　②　恩給(一時恩給を除く)や過去の勤務にもとづき使用者であった者から支給される年金
　　③　適格退職年金契約にもとづいて支給を受ける年金

　(2)　公的年金等以外の年金とは　　生命保険契約や生命共済に関する契約にもとづく年金、互助年金などがあります。

●雑所得の計算

　雑所得の金額は次のように計算します。

　(1)　公的年金等

| 公的年金等の収入金額 | − | 公的年金等控除額 | = | 雑所得の金額 |

　公的年金等控除額の算出方法は、受給者の年齢が65歳以上か否かで異なり、次ページの表のとおりになっています〔雑所得の金額は 計算例 参照〕。

第1章　所得があったときの税金——所得税

公的年金等控除額

イ　その年の12月31日現在で65歳未満の人

公的年金等の収入金額	公的年金等控除額
130万円未満	70万円
130万円以上～410万円未満	年金収入×25％＋37.5万円
410万円以上～770万円未満	年金収入×15％＋78.5万円
770万円以上	年金収入× 5％＋155.5万円

ロ　その年の12月31日現在で65歳以上の人

公的年金等の収入金額	公的年金等控除額
260万円未満	140万円
260万円以上～460万円未満	年金収入×25％＋75万円
460万円以上～820万円未満	年金収入×15％＋121万円
820万円以上	年金収入× 5％＋203万円

計算例　雑所得の金額

〔74歳で、公的年金等の収入金額が460万円のケース〕

(収入金額)　　　(公的年金等控除額)　　　(雑所得金額)
460万円 －(460万円×15％＋121万円)＝　270万円

(2) 公的年金等以外の年金

(収入金額)　　　　　　　　　　　(　必　要　経　費　)

公的年金等以外の年金の収入金額 ＋ 剰余金や割戻金 － 公的年金等以外の年金の収入金額 × 保険料又は料金の総額／年金の支払総額(見込み額) ＝ **雑所得の金額**

● **源泉徴収と確定申告**

　一定の金額を超える公的年金等や生命保険契約等にもとづく年金を受け取るときは、所得税が源泉徴収されていますので、確定申告で精算することになります。この場合、源泉徴収票を添付しなければなりません。

17 年金をもらった人にかかる税金

なお、公的年金等のみの人は、専用の申告書を使うと便利です。

> **コラム** お年寄りと税
>
> 1．お年寄り本人が受けられる控除
> (1) 老年者控除　その年の12月31日現在で65歳以上で、かつ合計所得金額〔11 用語解説 参照〕が1,000万円以下のお年寄りは、老年者控除50万円を所得金額から差し引くことができます。
> (2) 公的年金等控除
> (3) マル優など利子の非課税　65歳以上の人は、マル優、特別マル優、郵便貯金などの利子について非課税制度を利用できます〔18参照〕。
> 2．お年寄りを扶養している人が受ける特例
> 　配偶者控除や扶養控除の対象となる親族が、70歳以上の場合は、通常より多い控除額が所得金額から差し引かれます。
> (1) 配偶者控除　通常の38万円に代えて48万円が所得金額から差し引かれます。
> (2) 扶養控除　通常の38万円に代えて48万円が所得金額から差し引かれます。
> 　なお、納税者又はその配偶者の70歳以上父母や祖父母と同居しているときの扶養控除は、さらに10万円を加算した58万円が所得金額から差し引かれます。

18　財産の運用益にかかる税金

> Q　預貯金の利子や株式の譲渡益など財産の運用益にはどのような税金がかかるか。
>
> A　所得税と住民税がかかる。

●預貯金の利子

預貯金の利子にはその20％（所得税15％、住民税5％）が源泉徴収されます。確定申告は必要ありません。

●老人マル優とは

65歳以上の人（障害者、遺族基礎年金を受けている妻、寡婦年金を受けている人も同じ）は、マル優（預貯金、貸付信託、公社債、公社債投資信託など）が350万円、特別マル優（利付国債、公募地方債など）が350万円、郵便貯金が350万円、合計1,050万円まで手続をすることによって利子に対する税金がかかりません。

なお、平成18年から老人向けマル優は廃止され、他の障害者等のマル優へと改組されます。

●低所得者は確定申告をすれば還付されるか

銀行利子について20％（所得税15％、住民税5％）の税金が源泉徴収されています。経常収入が少なく、利子収入を合計しても税率が10％のランクの人もいますが、預貯金の利子は完全な分離課税なので、その他の所得と総合して納税することはできません。確定申告をしても差額の5％の所得税は還付されません。

18 財産の運用益にかかる税金

● **株式の譲渡益**

(1) 上場株を売ったとき　①譲渡代金の5.25％を譲渡益として、20％の所得税を源泉徴収して確定申告の必要がない源泉分離課税か、②他の所得と分離して、譲渡益に対し所得税20％、住民税6％を確定申告する申告分離課税かを選択できます。

● **源泉分離課税**

譲渡代金が1,000万円の場合の源泉分離課税による税額は次のように計算します。

税額の計算

```
(譲渡代金)            (譲渡益)
1,000万円 × 5.25％ ＝ 52万5,000円
(譲渡益)     (税率)     (税額)
52万5,000円 × 20％ ＝ 10万5,000円
```

次のようにも計算できます。

```
(譲渡代金)   (税額)
1,000万円 × 1.05％ ＝ 10万5,000円
```

この場合は、住民税は課税されません。

なお、源泉分離課税は、平成14年12月31日までで廃止になる見込みです。

● **申告分離課税**

税額の計算

```
(譲渡代金)  (取得費)  (売買手数料)  (譲渡益)
1,000万円 － 25万円 －  20万円  ＝ 955万円
(譲渡益)   (税率)    (所得税)
955万円 × 20％ ＝ 191万円
```

```
(譲渡益)   (税率)    (住民税)
955万円 × 6％ ＝ 57万3,000円
```

譲渡代金が1,000万円の場合の申告分離課税による税額は次のように計算します。

したがって、譲渡益が見込まれるときは源泉分離課税を、譲渡損が

見込まれるときは申告分離課税を選択すると有利です。

> **相談**　申告分離課税への選択替え
> **Q**　譲渡益を生じた株式について、源泉分離課税を選択した後、他の株式について譲渡損が生じたので、申告分離課税に選択替えをして譲渡損を生じた株式と損益通算することはできないでしょうか
>
> **A**　選択替えはできません。源泉分離課税を選択しようとする者は、「源泉分離課税の選択申告書」を源泉分離課税の適用を受けようとする株式の譲渡の時までに、証券業者等の営業所を経由して税務署長に提出しなければならないというやっかいな手続を経ているからです。

(2)　**非上場株を売ったとき**　この場合は、すべて申告分離課税となります。

● **株式の配当金を受け取ったとき**

(1)　**1銘柄1回の配当が25万円未満の場合**　次のいずれかを選択します。

　　イ　**総合課税**　支払いの際に20％の源泉徴収をされていますが、確定申告をして精算します。

なお、5万円以下の配当は、確定申告をしないで20％の源泉徴収だけですませるか、又は確定申告をして配当控除を受けるか、いずれか有利な方を選択できます。

　　ロ　**分離課税**　35％の源泉徴収ですませ、確定申告はしません。

なお、地方税は総合課税となります。ただし、地方税は5万円以下の配当は非課税です。

(2)　**1銘柄1回の配当が25万円以上の場合**　支払いの際に20％の源泉徴収をされていますが、確定申告をして精算します。

なお、地方税は総合課税となります。

18 財産の運用益にかかる税金

● 配 当 控 除

配当控除額は次のように計算します。

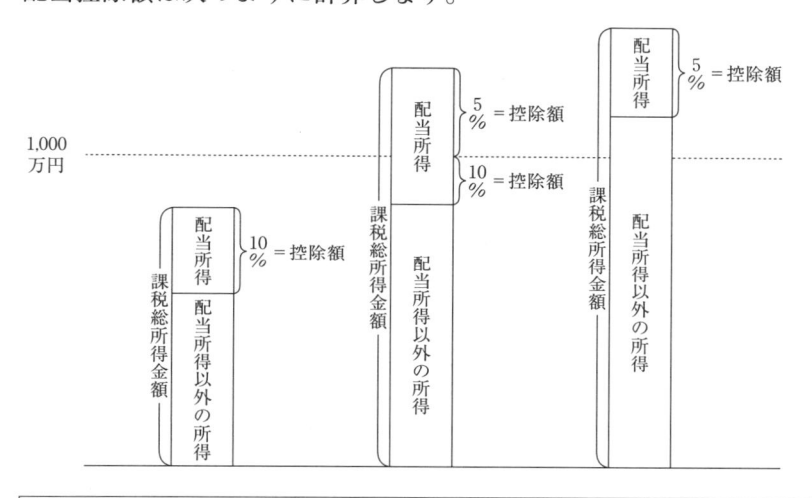

①　課税総所得金額が1,000万円以下の場合……配当所得について10％をかけた金額が配当控除額
②　課税総所得金額が1,000万円を超える場合……1,000万円から配当所得以外の所得を先に差し引いて、次に配当所得を差し引きます。引き切れなかった配当所得については5％、それ以外の配当所得については10％をかけた金額が配当控除額

「課税総所得金額」とは、確定申告所Ⓐの「課税される所得金額㉑」、確定申告書Ⓑの「課税される所得金額㉖」をいいます。

● 低所得者は確定申告をすれば還付されるか

「源泉分離課税の選択申告書」を提出して、35％の源泉徴収を受けた場合は、確定申告をしても税金は還付されません。

「源泉分離課税の選択申告書」を提出しないで、20％の源泉徴収を受けた場合は、確定申告をすれば、課税総所得金額が330万円未満の場合は税率が10％であり、配当控除を受けられるので、源泉徴収税額

の一部が還付になります。

● **ゴルフ会員権の譲渡益**

ゴルフ会員権を売って譲渡益が出れば、総合課税の譲渡所得として、所有期間が短期か長期かによって区分して次のように計算して課税されます。

短期譲渡所得

収入金額－取得費－譲渡費用－特別控除　＝短期譲渡所得
　　　　　　　　　　　　　　　（50万円）

長期譲渡所得

(収入金額－取得費－譲渡費用－特別控除)×$\frac{1}{2}$＝長期譲渡所得
　　　　　　　　　　　　　　　（50万円）

(1) 不動産の譲渡所得との違い

① 不動産の場合は、他の所得と総合せずに、独自の税率をかけますが(分離課税)、ゴルフ会員権は他の所得と総合して通常の税率をかけます。

② 所有期間の判定は、不動産の場合は、譲渡の日の属する年の1月1日現在で5年を超えているものが長期譲渡ですが、ゴルフ会員権の場合は取得した日から譲渡した日までの期間が5年を超えているものが長期譲渡となります。

(2) 損益通算できる　　ゴルフ会員権が譲渡損の場合は、他の所得と損益通算〔1・44参照〕ができます。ただし、倒産したゴルフ場のゴルフ会員権の譲渡損は、他の所得と損益通算できません。

19 所得税の確定申告と納税

Q 所得税の申告と納税はどのようにしたらよいか

A 納税者が自分で所得と税額を計算して納税する。

●確定申告と納税

　所得税の確定申告期間は、2月16日から3月15日までです。納税の期限は3月15日です。

　申告書は、住所を管轄する税務署へ提出します。

　確定申告の受付は2月16日からですが、還付申告は1月から受け付けます。早く申告すれば早く還付になります。

　申告書は郵送でも提出できます。その場合、控のページもいっしょに送ります。返信用封筒に切手を貼って同封すると、控に受付印を押して返送してくれます。期限後申告や修正申告も郵送でできます。

　なお、第3期分の税額の2分の1以上を納期限までに納付した人は、申告書の下部にある「延納の届出」欄に記入して提出し、5月末までその残額の納付を延期することができます。延納する所得税には、年7.3％とその年の前年11月30日現在（平成14年分なら平成14年11月30日）の公定歩合に4％を加算した割合とのいずれか低い方の割合で利子税がかかります。

●予 定 納 税

　前年の所得税額が15万円以上の場合は、前年の所得税額の3分の1を本年の7月31日と11月30日に納付してありますので、確定申告書で算出された所得税額から、7月と11月に納付した金額を差し引いた残額を翌年の3月15日までに納付します。赤字になった場合は還付され

第1章 所得があったときの税金——所得税

ます。

> **注意！** 確定申告の無料相談の上手な利用のしかた
>
> 確定申告をする人のために、税務署は2月16日から3月15日まで申告書の書き方の相談に応じています。
>
> 勤務先近くの税務署で相談をして、申告書は自宅の所轄署に提出できますが、複雑なものは、申告内容の認否の権限を有する住所地の管轄署で相談した方がよいでしょう。次のようなことに注意しましょう。
>
> ① あらかじめわからないことを整理しておく
>
> 　無料相談はあくまで相談ですので、わからないことだけを聞くようにしてください。申告書の書き方を初めから教えてくれなどというのは、無理です。
>
> ② 相談にあたっては事実を包み隠さないこと
>
> 　このことは省略してもよいだろうと自分で勝手に判断しないで、すべてを話しましょう。
>
> ③ できるだけ申告書に書いておく
>
> 　確定申告書に自分で書いてみて相談に行くのがベストです。そうすれば間違っているところがあれば、それを訂正してくれます。
>
> ④ できるだけ早い時期に相談に行く
>
> 　相談期間の最初の方は比較的空いていて、後半は混雑しています。したがって、早い時期に行けば待ち時間も少なく、ていねいな説明を受けることができます。

第 2 章

贈与を受けたときの税金

―――贈与税

20　贈与税のしくみ

Q　財産の贈与を受けるとどんな場合に贈与税がかかるか。

A　年間110万円を超える財産の贈与を受けると贈与税がかかる。

●贈与税がかかる場合

　贈与税は財産をもらった人にかかる税金です。個人から年間110万円を超える財産をもらったときにかかります。

　親の所有する建物を子が権利金も家賃も払わずに借りて住んだり商売をしたりしても子に贈与税はかかりません。

　親の所有する土地を子が無償で借りて、家を建てて住んだり事業用に使ったりしても、権利金や地代相当額について子に贈与税はかかりません。

　また、配偶者や子が融資を受けるにあたって、夫又は妻や親に保証をしてもらうだけなら配偶者や子に贈与税はかかりません。

　会社などの法人から財産をもらったときには、贈与税はかかりませんが、一時所得として所得税がかかることになっています。

●贈与税のしくみと税額の計算

　まずその年の1月1日から12月31日までの1年間に、個人からもらった財産の価額を合計します。

　次に、もらった財産の価額から基礎控除額の110万円を差し引き、その残額に表2の税率をかけた額が贈与税額です〔 計算例 参照〕。

　後述の配偶者控除や住宅取得資金の贈与の特例を受ければさらに贈

与税は軽減されます。

表1　税額の計算方法

贈与を受けた財産の価額	
基礎控除額110万円	課　税　価　格
	課　税　価　格

↓ ×税率−控除額

贈　与　税　額

計算例　贈与税

〔300万円の贈与を受けた場合〕

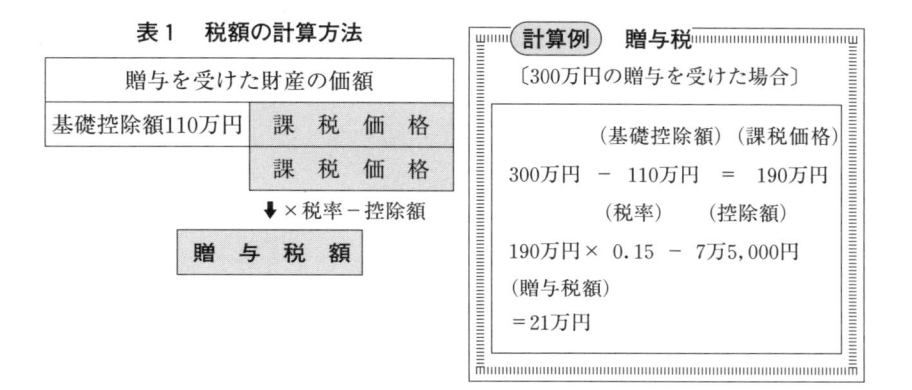

　　　　　　　（基礎控除額）（課税価格）
　　　300万円 − 110万円 ＝ 190万円
　　　　　（税率）　　（控除額）
　　　190万円× 0.15 − 7万5,000円
　　　（贈与税額）
　　　＝21万円

表2　贈与税の速算表

課税価格	税率	控除額	課税価格	税率	控除額
150万円以下	10%	0円	1,000万円以下	45%	1,400,000円
200万円以下	15	75,000	1,500万円以下	50	1,900,000
250万円以下	20	175,000	2,500万円以下	55	2,650,000
350万円以下	25	300,000	4,000万円以下	60	3,900,000
450万円以下	30	475,000	1億円以下	65	5,900,000
600万円以下	35	700,000	1億円超えるとき	70	10,900,000
800万円以下	40	1,000,000			

●配偶者控除

　婚姻期間20年以上の夫婦の間で居住用不動産の贈与があったとき、次の要件にあてはまれば、基礎控除額110万円のほかに最高2,000万円までの配偶者控除が受けられます。

　① その夫婦の婚姻期間が20年以上であること
　② 贈与財産が国内にある居住用の土地や家屋であること(居住用の土地や家屋の取得資金の贈与も含まれます)

第2章 贈与を受けたときの税金——贈与税

③ 贈与を受けた年の翌年3月15日までに贈与を受けた土地や家屋に実際に居住し、その後も引き続いて居住する見込みであること

この配偶者控除は、同じ配偶者間において一生に一度しか受けられません。

●住宅取得資金の贈与の特例

父母や祖父母から、住宅取得資金の贈与を受けたときは、次の要件にあてはまれば、1,500万円までの部分について5分5乗方式(贈与を受けた財産の価額を5分の1して税額を計算し、その税額を5倍して納税額を算出する方法)により贈与税額を計算する特例を受けることができます。

この特例を受けますと、550万円までの住宅取得資金の贈与については贈与税はかかりません。

(1) 特例の対象となる贈与
　① 住宅の新築等にあてるために受ける贈与
　　㋑ 住宅の新築
　　㋺ 新築住宅の取得
　　㋩ 建築後20年以内(マンション等の耐火構造の場合は建築後25年以内)の中古住宅の取得
　② 居住用家屋の増改築にあてるために受ける贈与　工事費用1,000万円以上であるもの、又は工事後の床面積が50m^{2}以上増加するもの

(2) 住宅取得(増改築)資金の贈与の特例を受けるには
　① 贈与を受けた人は、日本国内に住所を有すること
　② 贈与を受けた年の翌年3月15日までに、その資金の全部を居住用家屋の新築・取得・増改築にあてること
　③ その家屋は床面積(増改築の場合は増改築後の床面積)が50m^{2}以上であること
　④ すでにこの特例の適用を受けたことがないこと
　⑤ 贈与を受けた年の翌年3月15日までに、その家屋に居住しているか、又は居住することが確実であると見込まれること

〈住宅取得資金の贈与の場合〉
⑥ 次の@又は⑥のいずれかに該当すること
　@ 贈与前5年以内において、自己又は配偶者が所有する家屋に居住していないか、又は居住していたが贈与を受けた年の12月31日までにその家屋を譲渡しており、かつその年分の合計所得金額が1,200万円以下であること
　⑥ 自己又は配偶者が所有する家屋に居住していたが、贈与を受けた年の翌年の12月31日までにその家屋を譲渡する見込みであり、かつ贈与を受けた年分の合計所得金額〔11 用語解説 参照〕が1,200万円以下であり、その翌年分の合計所得金額が1,200万円以下の見込みであること

〈住宅増改築資金の贈与の場合〉
⑦ 贈与を受けた年分の合計所得金額が1,200万円以下であること

● **特例を適用したときの税額の計算方法**

住宅資金贈与の特例を適用したときの贈与税額の計算は、 計算例 で説明します。

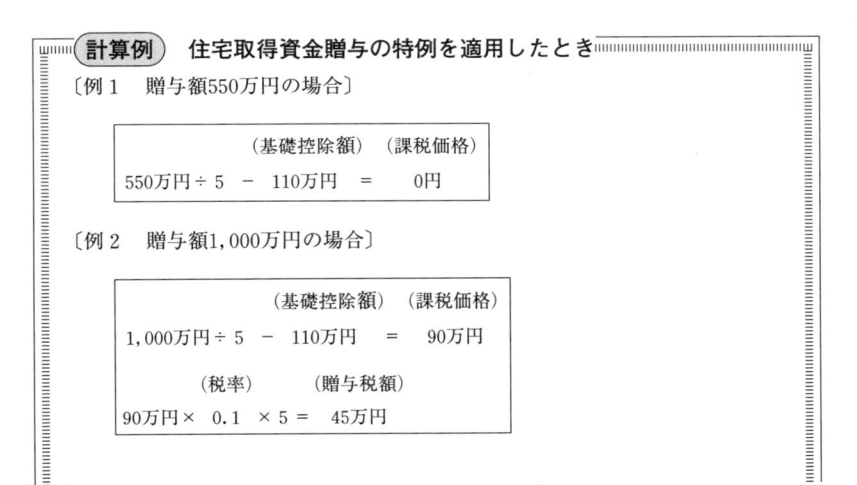

計算例　住宅取得資金贈与の特例を適用したとき

〔例1　贈与額550万円の場合〕

　　　　　　　　　　　（基礎控除額）　（課税価格）
　　550万円÷5　－　110万円　＝　　0円

〔例2　贈与額1,000万円の場合〕

　　　　　　　　　　　（基礎控除額）　（課税価格）
　　1,000万円÷5　－　110万円　＝　90万円

　　　　　（税率）　　（贈与税額）
　　90万円× 0.1 ×5 ＝ 45万円

第2章　贈与を受けたときの税金──贈与税

〔例3　贈与額1,500万円の場合〕

　　　　　　　　　　　（基礎控除額）　（課税価格）
　1,500万円÷5　－　110万円　＝　190万円

　　　　　　　（税率）　（控除額）　　　（贈与税額）
　(190万円× 0.15 － 7.5万円)× 5 ＝ 105万円

● **特例を受けるには申告が必要**

　贈与税の申告書にこの特例を受ける旨を記載するとともに、戸籍謄(抄)本、登記簿謄(抄)本、住民票の写しなど一定の書類を添付しなければなりません。

相談1　親の家にタダで住んでいるとき

　Q　父が所有しているマンションに娘一家が無償で住んだ場合、娘に贈与税が課税されますか。

　A　住むだけでは娘に贈与税はかかりません。ただし、無償なら何年住んでも借家権は発生しないので、将来相続したり贈与したりするときは、娘たちが住んでいても貸家や貸家建付地の減額は受けられません。

相談2　婚礼費用を親が出したとき

　Q　婚礼費用を親に出してもらうと贈与税がかかりますか。

　A　扶養義務者相互間で通常の生活費を必要なつど贈与する場合は、課税されません。したがって、高額な場合は課税されることになります。
　　しかし、披露宴の招待状には、加藤謙太郎の長男謙一と山田文雄の長女道子が結婚すると書いてあって、差出人は加藤謙太郎と山田文雄になっていませんか。そうだとすれば客を招いてご馳走し、2人が結婚したことを披露するのは親たちということになります。親が主催する祝宴に親のお金を使うのですから、贈与税の問題は発生しません。

21 贈与による節税対策

Q 生前に財産を贈与して節税できる方法は。

A ①少額を連年贈与する方法、②配偶者控除を利用する方法、③親子間の住宅取得資金の贈与の特例を利用する方法がある。

　贈与税は、相続税の節税の手段として利用できますが、贈与税自体の節税対策はあまりありません。それでも多少効果のある方法として20で述べた贈与税の控除や特例を活用しての節税が考えられます。

●少額を連年贈与する方法

　(1)　妻、子、子の配偶者、孫に対して、受贈者1人あたり年間110万円ずつ贈与する方法　　贈与税は、年間110万円(基礎控除額)までは、贈与を受けた人に贈与税はかかりません。夫が60歳から80歳まで贈与を続けて、83歳で死んだとして、20年間に、1人あたり110万円×20年＝2,200万円を贈与しても贈与税はかかりません。妻と子2人に贈与すれば、20年間に2,200万円×3人＝6,600万円が遺産から除かれます。

　2人の子にそれぞれ2人ずつ子がいるとして、妻と2人の子のほかにそれぞれの孫と子の妻にも贈与すれば、受贈者は9人となり、20年間に2,200万円×9人＝1億9,800万円が遺産から除外されます。

　(2)　少額の贈与税を払って贈与する方法　　財産が多くてとてもこんな方法では間に合わないという人は、毎年200万円ずつ贈与してもよいでしょう。その場合は贈与税がかかりますが9万円だけです。贈与を受ける人も毎年無税で110万円をもらうより、9万円を納税しても残りの191万円もらう方がうれしいのではないでしょうか。

　(3)　節税効果　　以上述べたことは、単に相続税の対象になる遺産

額が減少されるというだけではありません。低金利時代とはいえ、20年間にわたる合計2,200万円の運用益(預金した利息など)を受贈者は得られます。

さらにいえば、相続税は超過累進税率（遺産額が大きくなるに従って税率がアップするしくみ）ですから、税率の低い下のランクになるようにすれば節税効果は大きくなります。

この連年少額贈与の方法を行うにあたっては次のことに注意しなければなりません。

(a) 贈与する日と金額を変えること　毎年同じ時期に、同じ金額の贈与を受けると、定期金に関する権利の贈与〔**用語解説**参照〕とみなされ、この場合は贈与税がかかります。心配なら毎年贈与する日と金額を変えればよいでしょう。それでも安心できない人は、毎年贈与税の申告書を提出してもよいのです。基礎控除額(110万円)以下の贈与でも申告書は受理されます。ですが、文書収受印を押してもらった申告書の控えを自分で10年でも20年でも保存しなければなりません。ただし申告書の控えを保存していてもそれだけでは即贈与があったことの証拠とはなりません。(b)に述べるような方法をとっ

用語解説

定期金に関する権利

一定の時期に支払い又は受け取るべき金銭のことを「定期金」という。

定期金に関する権利の贈与に対する税金は、残存期間に応じ、残存期間に受けるべき給付金額の総額は、所定の割合をかけて算出する。

たとえば、20年間に2,200万円を給付する場合は、次のとおりである。

　（給付金額の総額）　　　　　（評価額）
　　2200万円　×　$\frac{40}{100}$　＝　880万円
　　　　　　　　（基礎控除額）（課税価格）
　　880万円　－　110万円　＝　770万円
　　　　　　　　　（税率）　（控除額）
　　770万円　×　0.40　－　100万円
　　（贈与税額）
　　＝208万円

ておきましょう。

(b) 贈与の証拠を残すこと　　毎年毎年贈与を受けてきたという証拠を残すことです。

贈与者の普通預金から110万円を払い戻して、受贈者の普通預金の口座へ振り込み、贈与者と受贈者が預金通帳を20年間保存しておくという方法もよいでしょう。

毎年贈与契約書を作って、公証人役場へ持って行って、確定日付〔用語解説参照〕のスタンプを押してもらえば完全です。

(c) 現金や株式など手続が簡単なものにすること　　この少額連年贈与の方法は、現金や株式のように、贈与する手続が簡単なものにかぎります。土地を小刻みに贈与しようとする人もいますが、分筆と所有権移転登記に時間と費用を要するのでやめた方がよいでしょう。かつては、現金預金を税務署の評価の安い土地に変えておいた方がよいとか、将来値上りする土地を早めに贈与しておいた方がよいといわれましたが、昨今の地価事情ではそれは意味のないことです。

なお、私製証書で土地の小刻みな贈与契約をしておいて、20年後に一括して登記しても、税務署は認めません。また、株式は毎年、贈与のつど名義を書き換える必要があります。

用語解説

確定日付

確定日付とは、証書についてその作成された日に関する完全な証拠力があると法律上認められる日付のことをいう。一定の手数料を支払って登記所か公証人役場で日付のスタンプを押してもらうか、内容証明郵便で発送する。

これは日付をさかのぼらせた証書を作成することを防ぐ趣旨である。

第2章　贈与を受けたときの税金──贈与税

> **相談1**　少額を連年贈与する節税法
>
> **Q**　家族に毎年110万円ずつ贈与する場合、贈与税の申告は必要ですか。
>
> **A**　基礎控除額(110万円)以下の贈与の場合は、受贈者は申告の義務はありません。
> 　申告書を提出すれば税務署は受けつけますが、注意すべきことは、申告書を提出したことが即、贈与があったことの証明にはならないということです。
> 　たとえば、毎年110万円ずつ贈与を受けて10年後に蓄積した1,100万円で株式を買うことを計画しているような人は、贈与税の申告書を提出するよりは、贈与者の口座から毎年110万円を払い戻して、受贈者の口座へ振り込んでもらって、両方の通帳を保存しておく方がよいでしょう。

● 配偶者控除を利用する方法

(1)　配偶者控除とは　　20で述べた配偶者控除の要件にあてはまれば、基礎控除額110万円のほかに最高2,000万円までの配偶者控除が受けられます。

　取得するのは自分が居住するための不動産でなければなりません。賃貸用マンションや、空地などの贈与を受けてもこの特例は適用されません。

　なお、贈与を受けたものが、土地や借地権だけでも、その土地の上にある家屋の所有者が配偶者ならこの特例が適用されます。

(2)　物件でもらった方がトクか資金でもらった方がトクか　　この問題は、税務署の土地の評価額が時価(実勢価格)と変わらなくなった現在では、意味のないことになりました。ただ、建物の評価額は今でも建築価額や購入価額よりかなり安いので、次に入居しようとする家の場合は、建築(購入)資金の贈与を受けるよりは、いったん夫の名義で登記をして、二、三年後に妻に所有権移転登記をすることも一案です。ただし、すぐに妻の名義に変えると、不動産ではなく、資金の贈

しかし、この方法も登記費用（登録免許税と司法書士の報酬）と不動産取得税を２回負担しなければならないというデメリットがあります。

(3) 節税効果　この特例は、夫の財産の一部を生前に妻に贈与して、将来相続税の対象となる財産を減らしておくという効果ばかりでなく、その不動産を譲渡したときにも節税効果を発揮します。

居住用不動産を譲渡したときは、譲渡益から3,000万円が控除されますが〔43参照〕、家屋の一部と土地の一部の両方を妻の名義に変えておけば、譲渡した場合、妻が取得する譲渡益の範囲内で、最高3,000万円が控除されます。つまり、夫妻それぞれが3,000万円の控除を受けられるわけです。

なお、受贈不動産は、従来から居住していたものにかぎらず、家屋を新築した場合、新築家屋を購入した場合、さらに中古家屋を購入した場合、従来空家になっていた家屋、借家人が立ち退いたばかりの貸家などを受贈しても、これから受贈者の居住用に使うならよいことになっています。

> **注意！　譲渡直前に配偶者控除を利用した贈与をしないこと**
>
> 譲渡直前に不動産を贈与すると税金回避と見られ配偶者控除が認められないかもしれません。何年も前に贈与しておけば、問題ありません。地価が下落して、路線価の安い今こそチャンスです。

財産が少ない場合は、生前に贈与を受けて贈与税を納めるより、死後に相続して相続税を納めた方が有利ですが、相続税は超過累進税率のため、大資産家の場合は贈与税を納めても、生前に贈与して財産を減らしておいた方が有利になる場合があります。そのような税金回避を防ぐため、相続開始前３年以内の贈与は、相続財産に取り込むことになっています〔29参照〕が、配偶者控除を利用した贈与については、相続財産に取り込まれることはありません。

第2章 贈与を受けたときの税金——贈与税

> **相談2　配偶者控除の「居住する」という要件**
>
> **Q**　贈与税の配偶者控除を受けた場合、何年住まなければならないのでしょうか。
>
> **A**　相続税法21条の6には「……その後も引き続き居住の用に供する見込みである場合」となっていて、何年住まなければならないとは規定されていません。
> 　しかし法は永く住むことを前提として税の軽減をはかる趣意ですから、すでに不動産業者に売り申込みをしている物件を贈与したことが発覚すれば、配偶者控除は認められません。
> 　贈与時に予見できなかった転勤の命令など真にやむをえない事情がある場合は、他人に貸して転居したり、当該物件を譲渡しても、贈与税の配偶者控除が否認されることはありません。

●**親子間の住宅取得資金の贈与の特例を利用する方法**

　父母又は祖父母から、一定の条件を充たす住宅取得資金の贈与を受けた場合は、贈与を受けた金銭1,500万円までの部分について贈与税は軽減されます〔20参照〕。

　この方法は、少額連年贈与や配偶者控除を利用する方法と異なり、全然贈与税がかからないのではなくて、税額が軽減される特例です。もちろん贈与した金額は遺産から除かれて、相続税が軽くなるわけですが、少額連年贈与の方法のように長い年月を必要としない節税法です。

　注意すべきことは、贈与してから3年以内に贈与者が死亡すると、贈与した金額が遺産に取り込まれてしまうことです。ただし、相続人にならない孫は、遺産に取り込まれることはありません。要するに早めに、元気なうちに贈与しておくことです。

相談3　資金贈与と物件贈与

Q　娘が父にマンションを買ってもらった場合、最初から娘の名義にした場合と、最初は父の名義にして、後日娘の名義にした場合とではどちらが節税になりますか。

A　最初から娘の名義にした場合は、資金贈与となります。たとえば5,000万円で買った場合は、5,000万円に対して贈与税がかかります。

　最初は父の名義にして、後日娘に名義変更した場合は、物件贈与となります。その場合は、税務署の評価額（建物については固定資産税評価額、土地の部分については路線価など）を基礎に贈与税を計算します。

　通常は税務署の評価額の方が安いので後者によった方が有利ですが、あまりに早く娘の名義に替えると、実質的に資金贈与だと見られます。何年か経ってから娘の名義に替えた方が安全です。

　ただし、後者によると、登記費用と不動産取得税を2回負担しなければなりません。

相談4　共有名義にする場合

Q　母の借地の上にある母名義の家屋を取り壊して、母と長男の共有の家屋を新築したいと思います。新築家屋には、父母と長男が居住します。建築資金の拠出は次のとおりです。どのようにしておいたらよいでしょうか。

　　母　　1,000万円　　父から受贈して拠出
　　長男　1,000万円　　預金より
　　長男　2,000万円　　ローン
　　計　　4,000万円

A　① 新築家屋の共有持分は、母$\frac{1000}{4000}$、長男$\frac{3000}{4000}$とすること

　② 父から母への贈与1,000万円については、贈与税の配偶者控除〔20参照〕の要件に適合すれば、贈与税はかかりません。

　③ 借地権は依然として母にあるという意味で、「借地権の使用貸借に関する確認書」を税務署へ提出しなければなりません。

相談5　借地上にある父の家を取り壊して長男が新築した場合

Q　借地上にある父の老朽家屋を取り壊して長男が資金を出して新しい

第2章 贈与を受けたときの税金――贈与税

　　家を建てました。長男名義の家屋に建て替えることについて、地主に承諾料を払って承諾を得ました。土地の賃貸借契約は従来どおり父の名義にしておき、地代も父が払いつづけます。長男は父に地代は払いません。この場合の課税関係はどうなりますか。

A　「借地権の使用貸借に関する確認書」を税務署に提出しておけば、長男に借地権に対する贈与税が課税されることは避けられます。その代わり父が亡くなったときは、長男の家屋が建っていても、借地権は亡父の遺産として相続税がかかります。
　　なお、長男が父に地代を払わなくても、地代相当額について、長男に贈与税がかかることもありません。
　　また、長男名義の家屋を建てるにあたって、地主との賃貸借契約書の名義を長男に変更し、以後長男が地主に地代を払うことにすると、借地権相当額について長男に贈与税が課税されます。
　　老父に収入がなくなって、長男が地代を払うほかない場合は、長男から父へ地代相当額を贈与し、父の名で地代を払うとよいでしょう。

22　贈与税の申告と納税

Q　父から住宅資金の贈与を受けたが、いつまでに申告し納めなければならないか。

A　贈与を受けた年の翌年2月1日から3月15日までに申告し、納税も3月15日までにしなければならない。

●贈与税の申告と納税

贈与税の申告は、贈与を受けた年の翌年2月1日から3月15日までにしなければなりません。

納税も3月15日までにしなければなりませんが、贈与税額が10万円を超え、かつ納期限（納付すべき日）までに金銭で納付することを困難とする事由がある場合は、申請により5年以内の年賦で納める延納の制度があります。

1月1日		12月31日	2月1日	納期限 3月15日
この間に贈与を受けた財産の価額を合計			申告期間	

●申告書への記入のしかた

贈与税の申告書は簡単なものです。

あえて取り上げれば、住宅取得資金の贈与を受けた場合ですが、この場合は「住宅取得資金の贈与を受けた場合の贈与税額の計算等の明細書」を先に記入します。

「住宅取得資金の額①」は、1,500万円を超えた部分にはこの特例の適用がありませんので、記入額は最高1,500万円となります。住宅取

得資金以外の財産を受贈していない場合は、①の金額を5等分した金額を②欄に記入します。そして基礎控除額110万円を差し引いた残額を⑧欄に記入します。さらに贈与税の申告書に載っている速算表を用いて算出した税額を⑨欄に記入します。⑨欄の金額を5倍したものを⑩欄に記入します。

　この作業でわかるように、この特例は5年分の基礎控除額を先取りするわけです。そして超過累進税率を回避します。

　そして⑩欄の金額を贈与税の申告書の⑤欄へ転記します。したがってこの場合の⑤欄は、「②および③の控除後の課税価格に対する税額」という申告書の指示とは異なる金額になります。

　住宅取得資金以外の贈与を受けた財産もある場合やすでに住宅取得資金の贈与を受けた人が、5年以内に住宅取得資金以外の財産の贈与を受けた場合の申告書等の書き方は、申告書等の指示に従えば自分で書けるはずです。

第 3 章

相続したときの税金

——相続税

23　相続のしくみ

Q　相続とはどういうことか。

A　相続とは人が死亡したときに故人(被相続人)の残した財産その他の権利・義務一切を相続人が受け継ぐ制度

●相 続 と は

　相続とは、人が死亡したときに故人(被相続人)の残した財産その他の権利・義務一切を相続人が受け継ぐことです。旧民法では「家」制度のもとで、戸主の地位と共に家の財産を家督相続人(通常長男)が相続する長男子家督相続を原則としていました。戦後、「家」制度を廃止し、それに伴って家督相続制も廃止され、諸子均分相続制となると共に配偶者の相続権が確立されました。現行民法では、遺言〔25参照〕があれば遺言を優先し(遺留分〔25参照〕の制約はあるが)、遺言がないときには法律どおりの相続(法定相続)が行われるというしくみになっています。

●相続人と相続分

　遺産相続について遺言がないときは相続人となれる人(法定相続人)と受け継ぐ割合(法定相続分)が法律で次ページの表のように定められています。つまり、法律上常に相続人になれるのは配偶者と子だけで直系尊属(父母、祖父母など)は子がいないとき、兄弟姉妹は直系尊属も子もいないときにかぎられます。子は実子と養子を区別しないし、胎児はすでに生まれたものとみなされます。

23 相続のしくみ

相続の順位と法定相続分

相続の順位	法定相続分
〈第1順位〉 子と配偶者	子……$\frac{1}{2}$（数人いるときは平等に分ける）、配偶者……$\frac{1}{2}$
〈第2順位〉 直系尊属と配偶者	直系尊属……$\frac{1}{3}$（数人いるときは平等に分ける）、配偶者……$\frac{2}{3}$
〈第3順位〉 兄弟姉妹と配偶者	兄弟姉妹……$\frac{1}{4}$（数人いるときは平等に分ける） 半血兄弟〔父母の一方だけを同じくする兄弟〕は全血兄弟の$\frac{1}{2}$）、配偶者……$\frac{3}{4}$

● **養子と特別養子**

　養子とは、養子縁組によって法定の嫡出子としての身分を取得した者をいいます。養子と養親との間に親子関係が生ずるだけでなく、養子と養親の血族との間においても、自然の血族間と同じ親族関係が生じます。

　なお、本来の血族との親族関係はそのまま存続します。したがって、養子は実家の遺産と養家の遺産の双方を相続できます。

　特別養子とは、一定の要件があるときに、養親となる者の請求により、実家の血族との親族関係が終了する縁組を家庭裁判所が成立させるものをいいます。特別養子は、養子となる者の父母による監護が著しく困難または不適当であること、その他特別の事情がある場合に、子の利益のために必要があると認めるときに縁組を成立させるものです。

● **代襲相続**

　被相続人の推定相続人である子が、被相続人より先に死亡している場合（代襲原因）、死亡した子に子がいる場合は、死亡した子に代わっ

てその者の子(孫)に相続権が与えられます。直系卑属も直系尊属もなく、兄弟姉妹が相続人の場合に、被相続人より先に死亡した兄弟姉妹がいるときは、死亡した兄弟姉妹に代わってその者の子(おい・めい)に相続権が与えられます。これを「代襲相続」といいます。子の代襲相続については、孫に代襲原因があれば曾孫……と再代襲・再再代襲が認められていますが、兄弟姉妹の代襲相続については再代襲、再再代襲は認められずおい・めい止まりです。

なお、代襲原因は、死亡のほか、欠格者となったり、廃除された場合を含みますが、相続の放棄〔26参照〕をした場合は含まれません。

> **相談　遺産をどう分けたらよいか**
>
> Q　遺産を妻に独占させるか、子どもたちにも分けるかは頭の痛いところです。妻が死んだ時に受けられる基礎控除額の範囲内だけ妻に相続させて、残りは子が相続すれば、妻が死んだ時に子に相続税がかからずにすむと思いますが……。
>
> A　遺産総額が配偶者控除(1億6,000万円)〔24参照〕の範囲内なら、全部妻が相続した方がよいと思います。全部妻が相続しても、妻が死んだ時、子は妻の財産を相続できますから。
>
> 　将来の子どもたちの相続税対策よりも、現在の妻の生活の保障が先でしょう。
>
> 　子が母を扶養するというから母は相続放棄して子に相続させたら、子が約束を果たさないとか、子が扶養はしてくれるけれど家も土地も子の名義になってしまって肩身が狭いなどというケースはたくさんあります。
>
> 　もっとも、不動産を全部妻の名義にしたら、その後妻が再婚して、次の夫より早く死んだため、先夫の父から継承した財産が他家へ移転してしまうという例もあります。

24　相続税のしくみ

Q　相続や遺贈によって財産をもらうとどのように課税されるか。

A　正味の遺産額が基礎控除額を超える額に対して相続税がかかる。

●相続税のしくみ

　相続〔23参照〕、遺贈〔25参照〕、又は死因贈与〔25参照〕によって財産をもらった人には相続税がかかります。相続税は、正味の遺産額（遺産税額から、非課税財産・葬式費用〔28参照〕・受け継いだ債務〔27参照〕を差し引き、相続開始前3年以内の贈与財産を加えたもの）が、基礎控除額を超える場合に、その超える額に対してかかります〔表1参照〕。

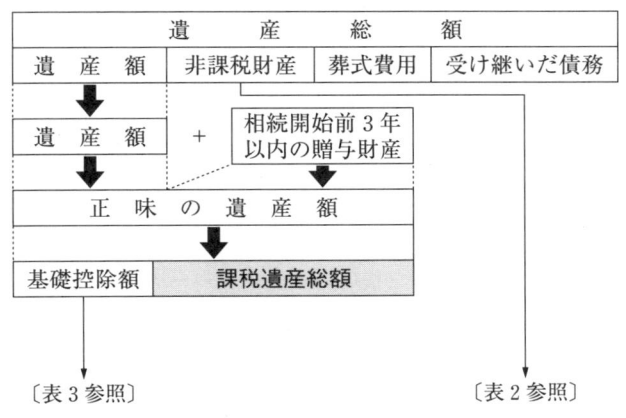

表1　課税遺産総額の計算方法

遺　産　総　額			
遺　産　額	非課税財産	葬式費用	受け継いだ債務

遺　産　額	＋	相続開始前3年以内の贈与財産

正　味　の　遺　産　額

基礎控除額	課税遺産総額

〔表3参照〕　　　　　　　　　　〔表2参照〕

墓、仏壇等は非課税となり、生命保険金〔46参照〕と死亡退職金〔30参照〕は、法定相続人1人あたり500万円までは非課税となります〔表2参照〕。

表2　非課税財産

① 墓所、仏壇、祭具など
② 国や地方公共団体、特定の公益法人に寄付した財産
③ 生命保険金のうち次の額まで
　　500万円×法定相続人の数
④ 死亡退職金のうち次の額まで
　　500万円×法定相続人の数

正味の遺産額が基礎控除額以下であれば、納税はもちろん申告も必要ありません。

基礎控除額は、どこの家庭にも必ず認められる5,000万円の定額控除に法定相続人1人あたり1,000万円を加えた金額です〔表3参照〕。

表3　基礎控除額

5,000万円＋(1,000万円×法定相続人数)＝基礎控除額

＊　この法定相続人数には、次の人を含みます。
① 相続放棄〔26参照〕をした人
② 養子〔23参照〕は、実子がある場合は1人だけ、実子がない場合は2人までが人数にカウントされる。
③ 特別養子〔23参照〕、被相続人の配偶者の実子で、被相続人の養子となった者(連れ子養子)、代襲相続人〔23参照〕は実子とみなされる。

● 相続開始前3年以内の贈与

相続開始前3年以内に被相続人から贈与を受けた財産は、遺産に加算して算出された相続税額から贈与を受けた財産に課せられた贈与税

額を差し引いた金額を納付します。

その際贈与税の金額の方が大きい場合でも、控除しきれない贈与税が還付されるということはありません。

この制度は、大資産家の場合、贈与税を納めても生前に財産を減らした方が相続税が有利になるので、死期を予期した被相続人が死亡直前に贈与を行うことを防ぐ規定です。

しかし、これは、相続税の課税の公平を期するためのものであり、贈与契約を否定するものではありませんから、贈与は依然として有効であり、したがって贈与税額も変化するわけではありません。

なお、相続開始の年の1月1日から相続開始の日までの間に、被相続人から贈与を受けた金額については、遺産に加算されて相続税が課税され、贈与税は課税されません。

また、贈与税の配偶者控除〔20参照〕を適用して贈与を受けた財産は、遺産に加算されることはありません。

● **相続税額の計算方法**

まず、基礎控除額を超えた部分(課税遺産総額)〔表1参照〕について法定相続分どおりに相続したものとして表4の税率により各自の相続税額を算出します。

表4　相続税額の速算表(平成13年分)

法定相続分に応ずる取得価額	税率	控除額	法定相続分に応ずる取得価額	税率	控除額
800万円以下	10%	0万円	2億円以下	40%	1,520万円
1,600万円以下	15	40	4億円以下	50	3,520
3,000万円以下	20	120	20億円以下	60	7,520
5,000万円以下	25	270	20億円超	70	2億7,520
1億円以下	30	520			

第3章　相続したときの税金——相続税

　つぎに、その合計額（相続税の総額）を各自が実際に取得した割合に応じてあん分した額から各種の控除を差し引いた残額が各人の相続税額です。

●配偶者の税額軽減（配偶者控除）

　配偶者が相続人である場合は、配偶者が遺産の形成に寄与していることや老後の生活の保障の見地から税額を大幅に軽減するしくみになっています。配偶者が法定相続分の範囲内か、法定相続分を超えて相続しても、正味の遺産額が1億6,000万円以内の場合は、配偶者には相続税はかかりません。

●税額から控除されるもの

　配偶者控除のほかに各自の税額から相続人の置かれている条件に従って各種の控除が設けられていますが、主なものは次のとおりです。

　⑴　未成年者控除　　相続人が未成年者の場合は、20歳に達するまでの年数1年につき6万円が控除されます。

　⑵　障害者控除　　相続人が障害者の場合は、70歳に達するまでの年数1年につき6万円（特別障害者〔11 用語解説 参照〕の場合は12万円）が控除されます。

　⑶　贈与税額控除　　相続税の課税価格に加算された贈与財産の価額に対する贈与税額が控除されます。

●申告と納税

　相続税の申告と納税の期限は、被相続人が死亡した日の翌日から10カ月以内です〔くわしくは38・40参照〕。

24 相続税のしくみ

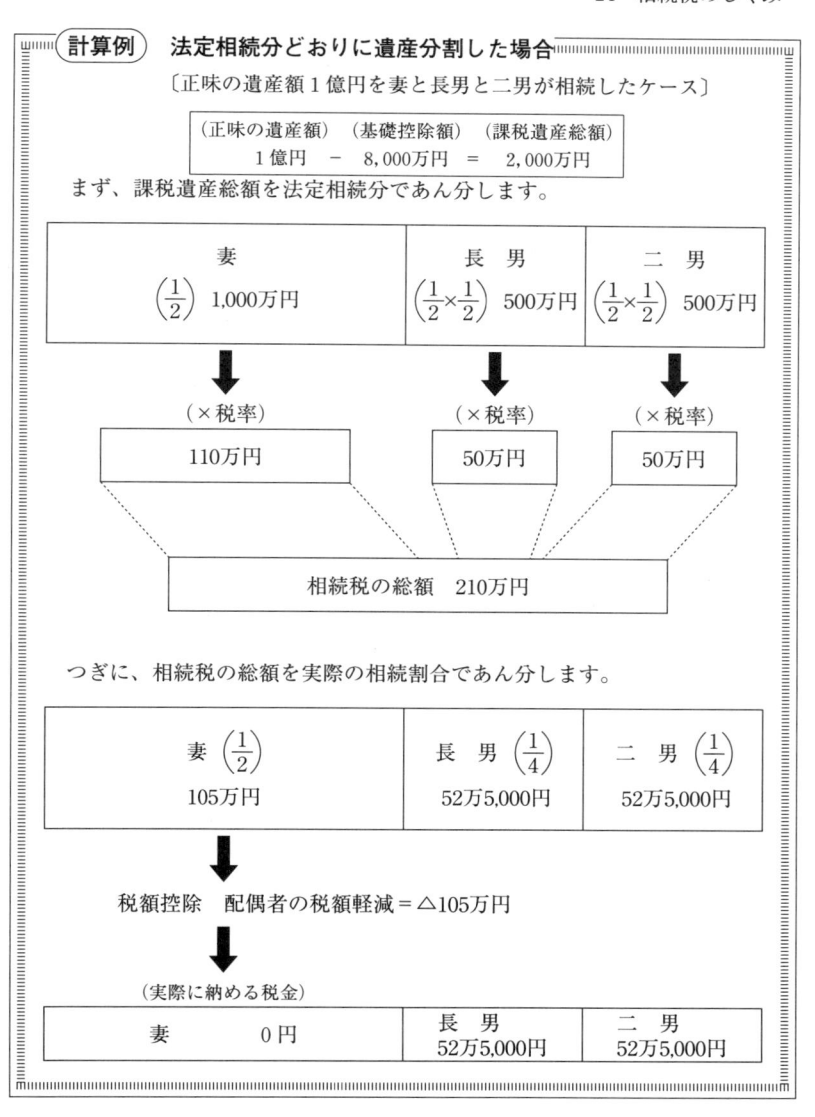

計算例　法定相続分どおりに遺産分割した場合

〔正味の遺産額1億円を妻と長男と二男が相続したケース〕

(正味の遺産額)	(基礎控除額)	(課税遺産総額)
1億円	－ 8,000万円	＝ 2,000万円

まず、課税遺産総額を法定相続分であん分します。

妻 $\left(\frac{1}{2}\right)$ 1,000万円	長男 $\left(\frac{1}{2}\times\frac{1}{2}\right)$ 500万円	二男 $\left(\frac{1}{2}\times\frac{1}{2}\right)$ 500万円

(×税率)	(×税率)	(×税率)
110万円	50万円	50万円

相続税の総額　210万円

つぎに、相続税の総額を実際の相続割合であん分します。

妻 $\left(\frac{1}{2}\right)$ 105万円	長男 $\left(\frac{1}{4}\right)$ 52万5,000円	二男 $\left(\frac{1}{4}\right)$ 52万5,000円

税額控除　配偶者の税額軽減＝△105万円

(実際に納める税金)

妻　　0円	長男　52万5,000円	二男　52万5,000円

25 遺言による税金対策

Q 生前に財産を与えるのと遺言で与えるのとでは税金はどう違うか。

A 財産を生前に与えると受贈者に贈与税がかかり、遺言により与えると相続税がかかる。相続税の方が基礎控除が多いうえ税率もゆるやか。

● 遺　　贈

　遺言による遺産の処分のことを「遺贈」といいます。遺贈は自由にできますが、遺留分を害することはできません。遺贈は、遺産の全部又は何分の1という形（包括遺贈）でも、特定の財産（特定遺贈）についてでも行うことができます。

　遺贈により財産を受ける者（受遺者）は、遺贈を受けたくなければ相続放棄〔26参照〕をすることができます。

● 遺　留　分

　一定の相続人のために法律上必ず残しておかなければならない遺産の一定部分があります。これを「遺留分（いりゅうぶん）」といいます。

　遺留分の割合は、直系卑属だけ、又は直系卑属と配偶者が相続人のときは、遺産の2分の1、その他の場合は、遺産の3分の1であり、兄弟、姉妹には遺留分はありません。

● 死 因 贈 与

　贈与者の死亡によって効力を生ずる一種の停止条件付贈与のことを「死因贈与」といいます。遺贈の規定が準用されます。

25 遺言による税金対策

●遺言による税金対策

一般論としては、生前に贈与を受けると贈与税〔第2章参照〕の方が高いので、贈与者の死後、控除額の大きい相続税を納めて取得した方が有利だといえます。

たとえば、税務署の評価額で6,000万円の兄名義のマンションを無償で借りて妹が住んでいる場合、このマンションを兄から妹が生前に贈与を受けると次の計算により贈与税が3,238.5万円かかります。

> **用語解説**
> **遺留分減殺請求権とその放棄**
> ① 被相続人といえども、完全に自由に、財産を人に与えることはできない。
> 兄弟姉妹以外の相続人には遺留分がある。遺留分の割合は、直径卑属だけ又は配偶者と直系卑属が相続人の場合は遺産の2分の1、直系尊属が相続人の場合は遺産の3分の1である。
> たとえば、被相続人が全財産を妾に与えるという遺言をしたとしても、配偶者は遺産の2分の1を取り戻せるのである。これが遺留分にもとづく減殺請求権である(民法1028条・1031条)。
> ② 相続の放棄は、被相続人の生前にはできないが、遺留分減殺請求権は、家庭裁判所の許可を受けて、生前に放棄することができる(民法1043条)。この放棄の取消権は認められない。

```
(受贈額)      (基礎控除額)    (課税価格)
6,000万円  －   110万円   ＝  5,890万円

(課税価格)   (税率)   (控除額)      (贈与税額)
5,890万円 ×  65％  －  590万円  ＝  3,238.5万円……基礎控除額
```

しかし、兄には妻子はなく、親はすでに死んでおり、きょうだいは妹1人の場合には、兄が死んで妹が相続したときは、次の計算により妹には相続税はかかりません。

```
5,000万円＋1,000万円×1人＝6,000万円……基礎控除額
```

26 相続放棄と相続税

Q1 父が亡くなり、母と姉妹が居住しているマンションを相続した。妹は相続放棄をするというが、どんな手続が必要か。

A1 相続の開始を知った時から3カ月以内に家庭裁判所に相続放棄の申述をする。

Q2 この場合相続税はどのように計算されるか。

A2 基礎控除額は相続放棄をした人があっても放棄がないものとして計算される。

●相続放棄と手続

　相続放棄とは、相続が開始した後に、相続人が行う相続拒否の意思表示のことです。民法は遺産の債務超過の場合を考慮して、相続の承認と限定承認〔27参照〕と相続放棄を相続人に選択させています。

　相続を放棄するということは、相続人としての権利を一切放棄してしまうことです。ただし、放棄の手続は民法で厳格に定められ、自分のために相続の開始があったことを知った時から3カ月以内に家庭裁判所に申述しなければなりません。家庭裁判所は、相続放棄が本人の真意にもとづくものかを調査したうえで、審判により申述を受理します。

　相続放棄をした者は、その相続に関しては初めから相続人とならなかったものとみなされます。その結果相続放棄者を除く他の共同相続人が相続することになります。

　なお、相続放棄した者については、代襲相続〔23参照〕は認められません。

　また、相続放棄は生前には許されませんが、遺留分にもとづく減殺

26 相続放棄と相続税

請求権の放棄〔25 用語解説 参照〕は、家庭裁判所の許可を受ければ生前に行うことができます。

●相続放棄があった場合の相続税の扱い

相続放棄した相続人にはもちろん相続税はかかりません。他の共同相続人に影響することについて述べます。

遺産に係る基礎控除額は、表1の算式で計算しますが、法定相続人の数は、相続の放棄をした人がいても、その放棄がないとした場合の相続人の数をいいます。

表1　基礎控除額

5,000万円＋(1,000万円×法定相続人の数)

つぎに、相続税額の計算にあたっては、課税価格の合計額から遺産に係る基礎控除額を差し引いた残額を、各相続人が法定相続分どおりに取得したものとして、その取得金額に対する相続税額を算出し、相続人全員の相続税を合計しますが(相続税の総額)、この段階でも、放棄がないものとして計算します。

つぎに、相続人全員の相続税の総額を、各相続人が実際に取得した金額に応じてあん分するのですが、それ以後は放棄した相続人が影響するところはありません。

課税価格の合計額とは、各人の課税価格〔表2参照〕の合計額です。

表2　各人の課税価格

各人の課税価格＝取得財産の価額－債務と葬式費用の金額＋純資産価額に加算される贈与財産価額＊

＊　純資産価額に加算される贈与財産価額とは、相続開始前3年以内に被相続人から贈与を受けた財産の価額のことです。

具体的な相続税額の計算は、計算例 を参照してください。

89

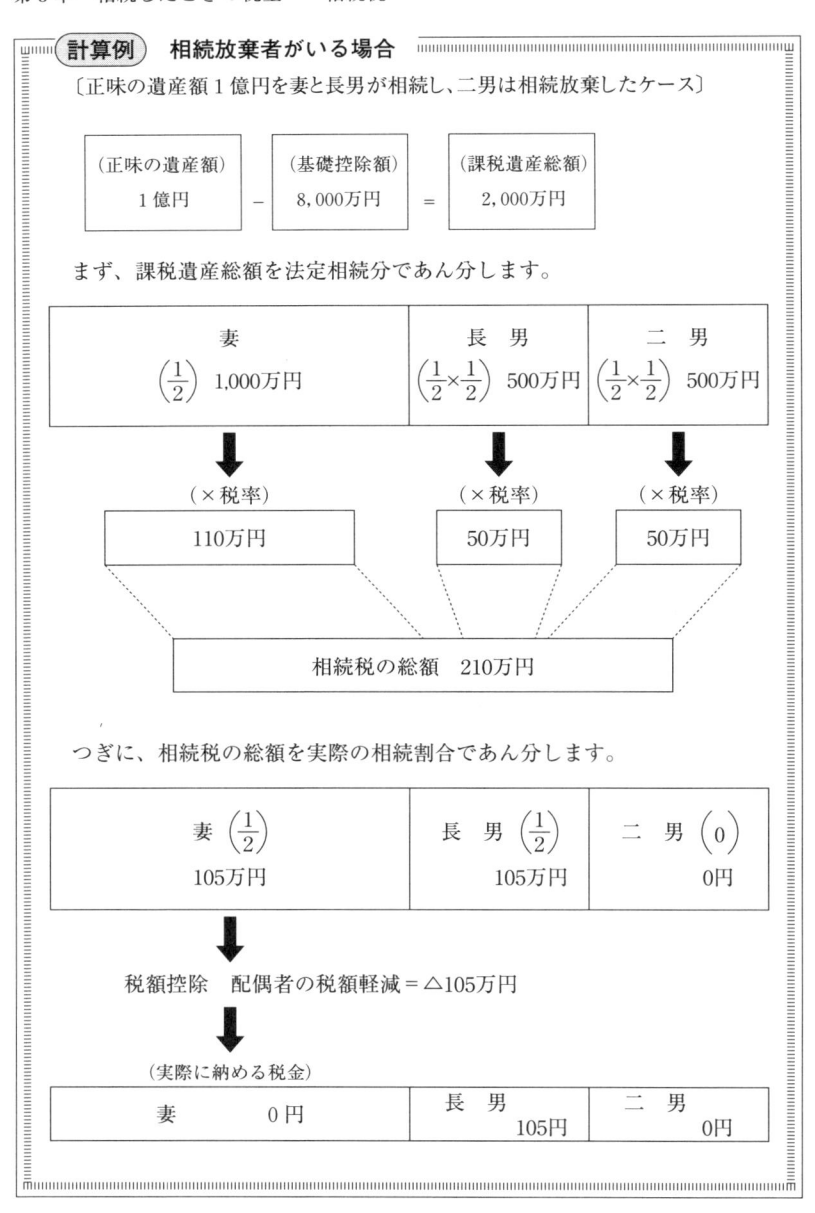

第3章　相続したときの税金──相続税

> **計算例**　相続放棄者がいる場合

〔正味の遺産額1億円を妻と長男が相続し、二男は相続放棄したケース〕

（正味の遺産額）　　　（基礎控除額）　　　（課税遺産総額）
　1億円　　　－　　　8,000万円　　　＝　　　2,000万円

まず、課税遺産総額を法定相続分であん分します。

妻 $\left(\frac{1}{2}\right)$ 1,000万円	長男 $\left(\frac{1}{2}\times\frac{1}{2}\right)$ 500万円	二男 $\left(\frac{1}{2}\times\frac{1}{2}\right)$ 500万円
↓（×税率）	↓（×税率）	↓（×税率）
110万円	50万円	50万円

相続税の総額　210万円

つぎに、相続税の総額を実際の相続割合であん分します。

妻 $\left(\frac{1}{2}\right)$	長男 $\left(\frac{1}{2}\right)$	二男 (0)
105万円	105万円	0円

↓

税額控除　配偶者の税額軽減＝△105万円

↓

（実際に納める税金）

妻	長男	二男
0円	105円	0円

27 債務の相続

Q1 故人が借金を残した場合相続人が責任を免れる方法はないか。

A1 相続放棄か限定承認の手続をとる。

Q2 相続税では債務はどう扱われるか。

A2 債務は遺産から差し引かれる。

●債務は相続されるか

相続が開始(人の死亡)すると、一切の財産は相続人に承継され、債務も例外ではありません。相続が「家」のためであった時代には、債務も負わざるをえませんでした。しかし、近代経済の発達につれて「家」制度が崩壊し、個人の権利が確立されるようになると、意思に反して義務を負わされることがないよう相続放棄〔26参照〕か限定承認の制度〔用語解説 参照〕を選択できるようになりました。

相続を放棄するということは、相続人としての権利を一切放棄してしまうことです。明らかに財産より負債が多いときにはこの方法をとるとよいでしょう。

限定承認というのは、相続した財産の範囲内で借金を返済すればよいという方法です。財産と負債とどちらが多いかわからないときにこの方法が適しています。

相続放棄も限定承認もしないと債務も相続することになります（単純承認）。

●債務を相続した場合の相続税の扱い

債務は次の条件付で課税の対象となる遺産の価額から控除されます。

第3章　相続したときの税金──相続税

(1) 相続開始の際に現に存するもの　債務として差し引くことができるのは、相続が開始したときに現に存在すると確実に認められるものにかぎられます。差し引くことができる債務には、借入金や未払金などのほか、公租公課で被相続人の死亡の際、納税義務が確定していたものも含まれます。所得税の準確定申告（被相続人の1月1日から死亡の日までの収入に対して相続人が行う確定申告）もお忘れなく。

(2) 保証債務　保証債務は、原則として差し引くことはできません。ただし、主たる債務者が弁済できない状態にあるため、保証債務者が弁済しなければならない場合で、主たる債務者から返還を受ける見込みがない場合には、債務として差し引くことができます。

(3) 連帯債務　連帯債務は、被相続人の負担すべき金額が明らかな場合には、債務として差し引くことができます。

また、連帯債務者のうちに弁済できない状態にある人がいて、その人の負担すべき金額をも負担しなければならない場合で、その人から

> **用語解説**
> **限定承認とその手続**
> 　限定承認とは、相続によって得た財産の限度においてだけ被相続人の債務を弁済するものである。
> 　遺産がマイナスであることが明らかなら相続放棄をすればよいが、プラスかマイナスか不明の場合にこの制度が効果を発揮する。
> 　限定承認をするには、熟慮期間（相続開始を知った日から3カ月）中に、財産目録を調製して、これを家庭裁判所に提出し、限定承認をする旨を申述しなければならない。
> 　相続人が複数のときは、共同相続人の全員の共同でなければ、限定承認をすることができない。
> 　なお、限定承認をした場合、遺産の中に土地があるときは、譲渡所得の課税があることに注意しなければならない。被相続人が取得した時の価額と相続開始時の時価との差額について譲渡所得税がかかる。現金収入はなくても売った場合と同じ計算で税金を納めなければならないのである。

後日返還を受けられる見込みがないときは、その部分も債務として差し引くことができます。

> **相談** 保証債務の相続
>
> **Q** 亡くなった夫が友人の借金の保証人になっていました。この保証債務は相続税では控除されないそうですが、民法上も相続人は引き受けないでよいのでしようか。
>
> **A** 保証債務も、相続放棄か限定承認をしないかぎり、相続人が承継しなければなりません。
> 　相続税の扱いでも、主たる債務者が弁済不能の状態にあるため、保証債務者がその債務を履行しなければならない場合で、かつ主たる債務者に求償して返還を受ける見込みがない場合には、主たる債務者が弁済不能の部分の金額は、債務として控除できる扱いになっています。

28　葬式費用

Q1　葬式費用は誰が負担すべきか。

　A1　香典や遺産から支出し、不足するときは喪主が負担する。

Q2　税法上債務控除の対象となる葬式費用にはどんなものがあるか。

　A2　葬式に直接要した費用は遺産から差し引かれる。

● 葬式費用は誰が負担すべきか

　葬式は誰が行うべきかということは、法律は特に規定しておりません。したがって、もっぱらその地方の親族間における慣習や良識によって決めるべきものだということができます。

　問題はその費用を誰が負担すべきかということですが、一般に遺産を管理するのに必要な費用と同じように遺産の中から支払われるべきものだと解されています。

　しかし、葬式費用はまず香典で賄い、その不足分は遺産の中から支払い、さらに不足するときは喪主が負担すべきものとされています。

● 香　典

　香典は、死者の供養のため、あるいは遺族の悲しみを慰めるために贈られるということもありますが、基本的には葬式費用の一部を負担する趣旨の喪主への贈与と考えられています。

　したがって、第一次的には葬式費用にあて、余った場合は喪主の裁量により、今後の祭祀費用にあてたり、社会事業団体に寄付したりできます。なお、通常の香典は遺産に含まれないので課税されません。

● 弔　慰　金

　弔慰金は、死亡退職金〔30参照〕の一種と見られ、会社の内規によって定められた者が受け取ります。弔慰金を受け取る権利は、受取人固有の権利と考えられ、遺産には含まれませんが、特別受益〔29参照〕として計算されます。

　税法上は一定の金額を超える部分は、退職金として取り扱われます。

● 相続税法上の扱い

　葬式費用は、相続税を計算するとき遺産から除かれます。ただし、葬式費用はあくまで葬式に直接要した費用〔表1・表2参照〕にかぎられます。

表1　葬式費用として認められるもの

①　葬式もしくは葬送又はこれらの前の埋葬、火葬、納骨または遺がい・遺骨の回送その他に要した費用（仮葬式と本葬式とを行うものにあっては、その両方の費用）
②　葬式に際し施与した金品で、被相続人の職業、財産その他の事情に照らして相当程度と認められるものに要した費用
③　①又は②に掲げるもののほか、葬式の前後に生じた出費で通常葬式に伴うものと認められるもの
④　死体の捜索又は死体・遺骨の運搬に要した費用
⑤　戒名料

表2　葬式費用として認められないもの

①　香典返し費用
②　墓碑・墓地の買入費、墓地の借入料（墓碑・墓地の相続は非課税だが、買入費用、借入料は控除できない）
③　法会に要する費用
④　医学上又は裁判上の特別の処置に要した費用

　なお、被相続人の生存中に墓碑を買い入れ、その代金が未払いであ

第3章　相続したときの税金——相続税

> **用語解説**
>
> **祭祀財産の承継**
>
> 　系譜・祭具・墳墓は、遺産に含まれず、祖先の祭祀を主宰すべき者がこれを承継することとされている。
>
> 　系譜とは、始祖から代々の家系を書いたもので、祭具とは、位牌・仏壇などで、墳墓とは、墓石・墓地などをいう。
>
> 　祖先の祭祀を主宰すべき者とは、次の者である。
>
> 　① 被相続人が指定した者。必ずしも親族でなくてもよく、指定の方法は自由である。
>
> 　② 指定がないときは慣習に従う。
>
> 　③ 慣習が不明なときは、家庭裁判所が定める。
>
> 　なお、婚姻又は養子縁組によって氏を改めた者が、祖先の祭祀を営むべき墳墓などを承継した後に、離婚又は離縁などによって旧氏に復する場合には、関係者と協議により、協議が調わないときは家庭裁判所の審判によって、それらの物を承継すべき者を定めなければならない。

相談　墓地・墓碑・仏壇の購入費

Q　墓地、墓石、仏壇は生前に買った方がトクでしょうか、死後に買った方がトクでしょうか。

A　墓地、墓石、仏壇等を相続しても、相続税はかかりませんが、相続税の控除対象にはなりませんので、生前に買って現金・預金を減らしておいた方がよいでしょう。

　死後に買っても葬式費用として落とせません。

　純金の仏壇をあつらえて現金・預金を減らした場合、純粋に礼拝の用に供するなら非課税財産となるでしょう。ただし、相続税の課税期間中に売却してお金に換えれば、直ちに追徴が迫ることは覚悟すべきです。

るような場合には、当該未払金は債務として控除できません。

29 特別受益者の相続分の算定と相続税

Q 父が亡くなり母と長男が2分の1ずつ相続することになった。長男は父の生前に大学の学資として300万円(現在価格)を出してもらっている。母には現在居住しているマンション(相続開始時3,000万円)が遺贈された。遺産は遺贈マンションのほかに預金が2,000万円ある。どのように分けたらよいか。

　　A　特別受益者は相続分を減らされる。

●**特別受益者の相続分**

　生前または死亡時に贈与または遺贈により特別の利益を得た相続人(「特別受益者」といいます)がいるときは、民法はこの分(「特別受益」といいます〔用語解説参照〕)を本来の相続分から除いて具体的相続分を決めるよう定めています。

　つまり、相続人中に被相続人から遺贈又は婚姻、養子縁組のためや生計の資金として贈与を受けた人がいるときは、遺産の価額にその贈与の価額(相続開始時の価格に換算)を加えたものを遺産とみなし(「みなし相続財産」とか「想定相続財産」といいます)、それを相続分に応じて割って、特別受益を受けた人はその特別受益分を差し引いたものを具体的な相続分とします。

　本問にそって計算すると次ページの計算例のようになります。

　この場合、遺留分減殺の要件〔25参照〕を満たしていなければ、母は遺贈の減額を求められることはありません。

> **計算例** 特別受益者がいる場合の相続分の計算
>
> 〔本問のケース〕
>
> (遺産の価額)　(学資)　(みなし相続財産)
> 5,000万円　＋　300万円＝　5,300万円
>
> 　　　　　　　　(相続分)
> 5,300万円　×　$\frac{1}{2}$　＝2,650万円
>
> 　　　　　　　(特別受益)
> 2,650万円　－　300万円　＝2,350万円……長男の具体的相続分
>
> 　　　　　　　(特別受益)
> 2,650万円－3,000万円　＝△350万円……母の具体的相続分

●**特別受益者がいる場合の相続税の計算**

　相続税法では、相続人が、相続開始前3年以内に贈与を受けた財産を遺産に加算します。その場合すでに納付した贈与税は、算出された相続税から控除されます。贈与税が相続税より多くても還付はされません。

　これは死期を予期した者が、死ぬ間際に財産の一部を贈与して遺産を減らして相続税の負担の軽減を図ることを防ぐためのものです。贈与自体は失効するわけではないので、贈与税は減額になりません。

　なお、贈与税の配偶者控除を受けた場合は、配偶者控除額に相当する金額は、遺産に加算されません。

> **用語解説**
>
> **特別受益**
>
> 被相続人から生前に贈与を受け、又は遺言によって遺贈を受けることを「特別受益」という。特別受益を受けた人がいるときは、その贈与の価額を加えたものを遺産とみなし、これに各自の相続分をかけた価額から、贈与を受けた人は贈与の額を差し引き、遺贈を受けた人は遺贈の額を差し引いた残額をそれぞれの具体的相続分とする。

29 特別受益者の相続分の算定と相続税

> **計算例** 特別受益者がいる場合の相続税の計算
>
> 〔相続開始前3年以内に、妻が100万円(贈与税4万円)、長女、二男、三男が各300万円(贈与税30.5万円)の贈与を受けているケース〕
>
> ```
> (遺産総額)      (債務と葬式費用の金額)   (相続開始前3年以内の贈与)
>  500,630千円  −     27,415千円      +      10,000千円
>
>   (正味の遺産額)
> =  483,212千円
>
>   (正味の遺産額)  (基礎控除)   (課税遺産税額)
>    483,212千円 − 100,000千円 = 383,212千円
> ```
>
> | 妻 ($\frac{1}{2}$) | 長男 ($\frac{1}{8}$) | 長女 ($\frac{1}{8}$) | 二男 ($\frac{1}{8}$) | 三男 ($\frac{1}{8}$) |
> |---|---|---|---|---|
> | 191,606千円 | 47,901千円 | 47,901千円 | 47,901千円 | 47,901千円 |
> | ↓(×税率) | ↓(×税率) | ↓(×税率) | ↓(×税率) | ↓(×税率) |
> | 61,442千円 | 9,275千円 | 9,275千円 | 9,275千円 | 9,275千円 |
>
> 相続税の総額　98,543千円
>
> **遺産分割にもとづく取得価格**
>
> | 妻 | 長男 | 長女 | 二男 | 三男 |
> |---|---|---|---|---|
> | 277,681千円 | 108,877千円 | 20,590千円 | 57,610千円 | 35,870千円 |
>
> **債務と葬式費用の金額**
>
> | 妻 | 長男 | | 二男 | |
> |---|---|---|---|---|
> | 1,172千円 | 4,610千円 | | 21,633千円 | |
>
> **相続開始前3年以内の贈与財産**
>
> | 妻 | | 長女 | 二男 | 三男 |
> |---|---|---|---|---|
> | 1,000千円 | | 3,000千円 | 3,000千円 | 3,000千円 |
>
> **正味の遺産額**
>
> | 妻 | 長男 | 長女 | 二男 | 三男 |
> |---|---|---|---|---|
> | 277,509千円 | 104,267千円 | 23,590千円 | 38,976千円 | 38,870千円 |
>
> **相続税の総額を正味の遺産額であん分します**
>
> | 妻 | 長男 | 長女 | 二男 | 三男 |
> |---|---|---|---|---|
> | 56,169千円 | 21,679千円 | 4,927千円 | 7,883千円 | 7,883千円 |
>
> **贈与税額控除**
>
> | 妻 | | 長女 | 二男 | 三男 |
> |---|---|---|---|---|
> | 40千円 | | 305千円 | 305千円 | 305千円 |
>
> **配偶者控除**
>
> | 妻 |
> |---|
> | 49,271千円 |
>
> **納付すべき税額**
>
> | 妻 | 長男 | 長女 | 二男 | 三男 |
> |---|---|---|---|---|
> | 6,858千円 | 21,679千円 | 4,622千円 | 7,578千円 | 7,578千円 |

30 退職金・功労金を相続したとき

Q 父が亡くなり、勤めていた会社から死亡退職金を支給された場合、税額はどのように計算されるか。

A 死亡退職金はもらった人の**特別受益**として**計算される**。

●**死亡退職金・功労金の相続**

退職金を本人が生前に受けとっていれば、それが残っているかぎり、遺産となるのは当然です。労働者が労働契約の継続中に死亡して、退職金が直接遺族に支給される死亡退職金は、会社などの就業規則や内規により受取人および支給される順序が定められているのが通常です（公務員は受給資格が法律によって定められています）。

死亡退職金を相続との関連でどうみるかについては、三つの考え方があります。

①退職金も遺産とみる考え方、②退職金を受けとるのは受取人の固有の権利であって、遺産にも特別受益〔29参照〕にもならないという考え方、③遺産には含まれないが、特別受益にはなるという考え方です。このうち③が通説です。

通常は③の説に従って退職金をもらった人は、その人の特別受益分として計算します。功労金も同様です。

●**死亡退職金・功労金の相続税の扱い**

相続税法では、民法上の相続ではなくとも、それと同じ経済的効果の得られるものは相続により取得したものとみなして相続税が課税されることになっています。

なお、相続人が取得した退職金等は、次の金額まで非課税とされま

30 退職金・功労金を相続したとき

非課税
500万円×法定相続人の数

また、被相続人の死後3年を過ぎてから支給された退職金等は、相続税ではなく、支給を受けた人の一時所得として所得税が課税されることになります。

さらに、退職金等には、一時金によって取得するもののほか年金その他の定期金によって取得するもの〔21 用語解説 参照〕も含まれます。この場合は、定期金に関する権利の評価方法〔コラム 参照〕で評価します。

コラム　定期金に関する権利の評価方法

(1) 有期定期金　その残存期間に受ける給付総額に、次の割合をかけて算出した金額によります。

残存期間	
5年以下	100分の70
5年を超え10年以下	100分の60
10年を超え15年以下	100分の50
15年を超え25年以下	100分の40
25年を超え35年以下	100分の30
35年を超えるもの	100分の20

ただし、算出した金額が1年間に受ける金額の15倍を超えるときは、その15倍の金額によります。

(2) 無期定期金　1年間に受ける金額の15倍の金額によります。

(3) 終身定期金　1年間に受ける金額に次の倍数をかけて算出した金額によります。

25歳以下の人	11倍	50歳を超え60歳以下の人	4倍
25歳を超え40歳以下の人	8倍	60歳を超え70歳以下の人	2倍
40歳を超え50歳以下の人	6倍	70歳を超える人	1倍

死亡退職金等を取得した場合の計算方法は 計算例 で説明します。

第3章 相続したときの税金——相続税

> **計算例** 死亡退職金を取得した場合
>
> 〔15年間で合計3,000万円の年金型の死亡退職金を妻が支給規定にもとづき取得するケース〕
>
> (1) 年金型死亡退職金の評価(定期金に関する権利の評価)
>
> $$\underset{\text{(給付金額の総額)}}{3,000万円} \times \frac{50}{100} = \underset{\text{(評価額)}}{1,500万円}$$
>
> (2) 相続税の計算
>
> 死亡退職金は、本来の遺産に属さなくても、それと同じ経済的効果があるので、相続税の課税の対象になります。なお、年金型の死亡退職金の評価額については、法定相続人1人あたり500万円の退職金控除は適用されません。
>
> 〔正味の遺産額1億円を、妻と子2人が法定相続分どおりに遺産分割し、死亡退職金評価額1,500万円は妻が受給者に指定されているケース〕
>
> $$\underset{\substack{\text{(正味の遺産額}\\\text{+死亡退職金)}}}{1億1,500万円} - \underset{\text{(基礎控除)}}{8,000万円} = \underset{\text{(課税遺産総額)}}{3,500万円}$$
>
> まず、課税遺産総額を法定相続分であん分します。
>
> | 妻 | 子 | 子 |
> |---|---|---|
> | $3,500万円 \times \frac{1}{2} = 1,750万円$ | $3,500万円 \times \frac{1}{2} \times \frac{1}{2} = 875万円$ | $3,500万円 \times \frac{1}{2} \times \frac{1}{2} = 875万円$ |
> | ↓(×税率) | ↓(×税率) | ↓(×税率) |
> | 230万円 | 91万2,500円 | 91万2,500円 |
>
> 相続税の総額　412万5,000円

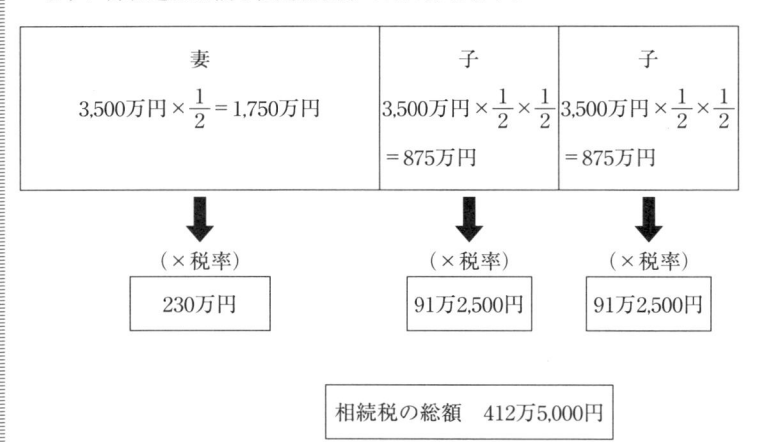

30 退職金・功労金を相続したとき

　相続人たちは次のように遺産分割した場合、相続税の総額を実際の取得割合であん分します。

妻　5,000万円＋死亡退職金1,500万円＝6,500万円	
子	2,500万円
子	2,500万円

妻　0.56 233万1,400円	子　0.22 89万6,700円	子　0.22 89万6,700円

⬇

（税額控除　配偶者控除　233万1,400円）

⬇

（実際に納める税金）

妻　　0円	子　89万6,700円	子　89万6,700円

31 土地・建物を相続したとき

Q 土地・建物はどのように評価し相続税がかけられるか。

A 土地は路線価で評価され、建物は固定資産税評価額で評価され課税される。

● 土地の評価

　不動産、特に土地が遺産の中に占める割合は高いです。しかし、土地は預金のようにズバリ金額が示されるものではなく、また株式のように日々相場が成り立つものではありません。そこで評価が必要になりますが、土地にはさまざまな形状があり、道路に対する位置もそれぞれ異なり、さらに利用状況によっても異なりますので個々の土地ごとに評価しなければなりません。

　実際には土地の評価方法は、国税庁が毎年発表する道路1本1本に付した価額（路線価〔コラム参照〕）による路線価方式および固定資産税評価額に一定の倍率をかけた倍率方式によっています。

　そして奥行の浅い土地・深い土地、2本以上の道路に接している土地、不整形地、無道路地、間口が狭小な土地、がけ地等は、路線価を補正します。

　路線価の付されていない土地は、固定資産税評価額に税務署の定めた倍率をかけたものを税務署の評価額とします。

　なお、国土庁が毎年発表する公示価格は、実勢価格（時価）の70％相当額で、税務署の路線価は、公示価格の80％、固定資産税価額は、公示価格の70％相当額とされています。

　さらに貸宅地、貸家建付地は所定の減額を行います。路線価図に示されている数字の末尾についているBとかCとかは、借地権割合を表

31 土地・建物を相続したとき

わしています。ページの余白に説明がありますが、借地権割合(借地人の権利の割合)が80％の地域はB、70％の地域はCというわけです。自分の土地の場合は関係ありませんが、人に貸している土地と人から借りている土地の場合に、この割合を使って評価します。

たとえば、300Cと示されていたとき、貸地の場合は1m²あたり30万円×0.7＝21万円を控除した9万円が地主の評価額(底地価額)になります。逆に1m²あたり21万円が借地人の評価額(借地権価額)になります。

貸家の敷地(貸家建付地)は、自用地の価額から、借地権割合に借家権割合(30％。大阪国税局管内の市制地域および路線価設定地域は40％)をかけた比率を差し引いた残額です。

●**小規模宅地の軽減の特例**

また、一定の面積の居住用地、事業用地は、大幅な軽減を行います。土地の評価にあたって、被相続人等が居住用や事業用に使っていた土地のうち240m²(一定の事業用地は400m²)までの部分は、一定の要件を具備するものは80％、それ以外のものは50％が減額になります。これを「小規模宅地の軽減の特例」といいます。

●**建物の評価**

建物は固定資産税評価額によります。貸家の場合は30％(大阪国税局管内の市制地域および路線価設定地域は40％)が減額されます。

> **コラム　路線価図の見方**
>
> まず住宅地図で評価したい土地の位置を探します。住宅地図には住宅の所有者又は居住者の氏名まで記入されているのでわかりやすいです。たとえば、南青山3丁目14番6号に住んでいる小林弘人さんの家の位置を探してみます。14番は、………という線で囲まれています。14番に建っている建物に、時計の針の回る方向で枝番(号)が付されています。

第3章 相続したときの税金──相続税

　小林弘人さんの住宅の位置がわかったら、次に路線価図と突き合わせてみます。路線価図には家は書きこんでありませんが、道路は住宅地図と同じであり、街区番号（この場合は14）も書きこんでありますから、小林弘人さんの家の位置を知ることができます。その土地の前の道路に付されている「610C」は、1平方メートルあたり61万円という路線価を示しており、借地権割合が70％であるということを示すものです。

路線価図の例

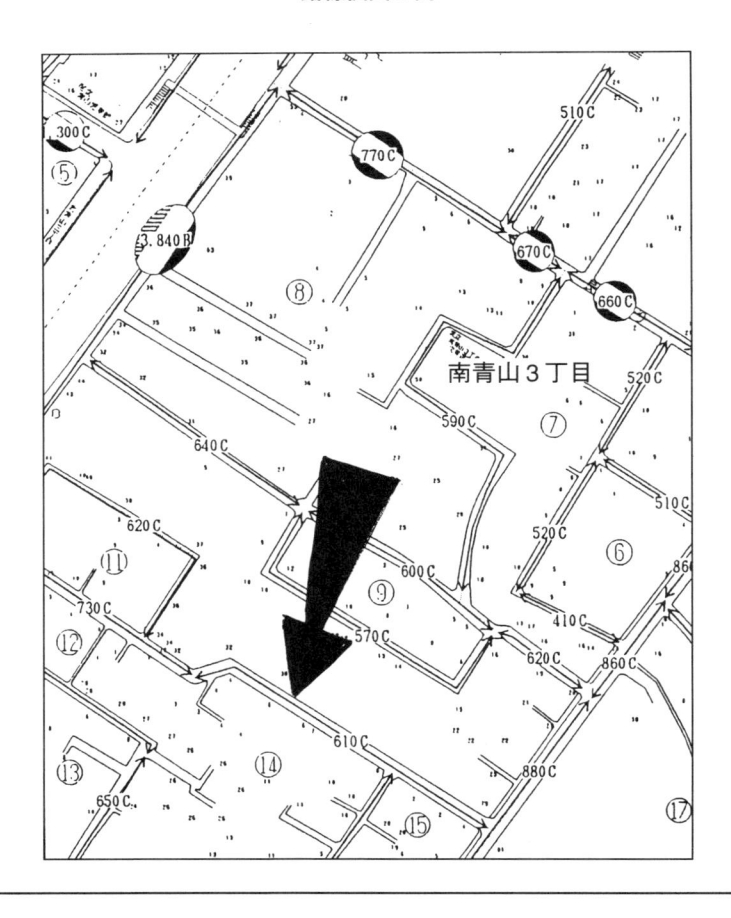

32 株式・同族会社を相続したとき

Q1 貸ビル業をしていた父が亡くなり、大手会社の株(上場)と自社株(非上場)を相続した。これらの株はどう評価して課税されるか。

A1 上場株は新聞で時価を知り、非上場株は決算書などを見て所定の方法で計算する。

Q2 営業は相続人の1人の兄が継承することになった。この場合どのように相続したらよいか。

A2 家業を継ぐ兄が自社株を全部相続し、その他の相続人は自社株以外の財産を相続するとよい。

● 株式の評価

上場株は、①死亡した日の終値、②死亡した日の属する月の月中終値平均、③前月の月中終値平均、④前前月の月中終値平均のうち最も低い価額によります。

非上場株は、①同族株主は、大会社は類似業種比率方式、中会社は併用方式、子会社は純資産方式で計算し、②非同族株主は配当還元方式（券面金額×2年間の平均配当率×10倍。無配の場合は券面金額の2分の1）で計算します。

同族株主の場合は複雑ですから、税理士に依頼しましょう。

● 営業権の相続

法人になっている店の営業を継承した相続人は、法人の所有の財産は株式の形で相続します。被相続人が亡くなった日現在で中間決算をして算出された株価にもとづくのですが、亡くなった日が直前期末に近ければ、直前期の数字で算出してもよいことになっています。

第3章　相続したときの税金──相続税

> **コラム　株価の調べ方**
>
> 　税務署(資産課税部門)で「上場株式の評価明細書」(以下「評価明細書」といいます)の用紙をもらいます。
> 　資産課税部門に備え付けられている日本証券新聞の縮冊版と上場株式月中平均株価綴を閲覧します。
> 　日本証券新聞で亡くなった日の翌日のページを開くと亡くなった日の株価が載っています。
> 　知りたい会社の「終値」欄の金額を評価明細書の「課税時期の最終価格」の「価額」欄に記入します。「月日」は亡くなった日を記入します。
> 　次に、上場株式月中平均株価綴の表紙をめくると、日本証券新聞の「月中終値平均」の切抜きが貼ってありますから、亡くなった月を見ます。月中終値平均は2カ月後の日本証券新聞に発表されます。コード番号はついていませんが、株式欄と同じ順序に並んでいます。この金額を評価明細書の「最終価格の月平均額」の「課税時期の属する月」欄に記入します。
> 　次に、亡くなった月の前月中終値平均を見て、この金額を「課税時期の属する月の前月」欄に記入します。
> 　次に、亡くなった月の前前月中の月中終値平均を見て、この金額を「課税時期の属する月の前々月」欄に記入します。
> 　次に、「課税時期の最終価額」「課税時期の属する月」「課税時期の属する月の前月」「課税時期の属する月の前々月」のうち最も低い金額を「評価額」欄に記入します。この金額を相続税の申告書第11表の「財産の明細」の「単価」欄へ移記します。

33 個人事業を相続したとき

Q 個人事業を相続したときに注意すべきことは。

A 営業用財産から営業用債務を差し引いた残額に相続税がかかる。

●個人事業の相続

たとえばサラリーマンの家庭なら、家屋・土地・預貯金・株式・社債・貸付信託・投資信託・ゴルフ会員権などが遺産になりますが、個人事業の場合は、その他に棚卸資産・売掛金・備品・運搬具・営業権等の営業用財産から、買掛金・営業上の未払金等の営業用債務を差し引いた残額が遺産となります。

年末と同様亡くなった日現在で在庫商品の棚卸しをし、中間決算で得られた残高を遺産に計上します。

> コラム　寄与分と相続税
>
> 寄与分とは、共同相続人の中に、被相続人の事業に関する労務の提供又は財産上の給付、被相続人の療養看護その他の方法により被相続人の財産の維持又は増加につき特別の寄与をした者がいる場合に、遺産の分割に際し本来の相続分を超える額の財産を取得させることです。寄与分は、相続人にのみ認められています。寄与分は、共同相続人の協議で定めますが、協議が調わないか、協議できないときは、家庭裁判所に遺産分割を請求することになります。
>
> 寄与分を認められた相続人はその分だけ多く相続税を負担することになりますが、遺産に変動はありませんので相続税の総額は変わりません。

34 農業を後継者が続けるための方法

Q 父の遺産の大半は農地で、長男が農業を続けたいが、農地が細分化されない分割方法はないか。

A 長男が単独相続し他の相続人には現金で渡す。

●農地の相続

遺産分割は必ずしも現物分割でなければならないのではなく、農地を長男が単独で相続して、二男以下には長男の所有している現金を渡すという代償分割も認められます。この場合長男は、一時払いでなく、分割払いでもよいのです。民法でも「各相続人の職業その他一切の事情を考慮して」と規定していますが、農業を継承する長男には相当規模の農地が必要ですが、都会へ出て会社勤めをしている二男以下には農地は不要という家庭もあることでしょう。

●相続税の扱い

小規模の事業用宅地への課税を軽減して都会の商店や工場の後継者を保護する税制〔31参照〕と同様に、農業後継者への課税も軽減されています。

相続人が一定の農地を相続して農業を営む場合には、一定の要件の下に、その取得した農地の価額の大部分に対する相続税は、その相続人が農業を継続するかぎり納税が猶予され、次のいずれかの場合に該当したときに免除されます。

① その相続人が死亡した場合
② その相続人がこの特例の適用を受けた農地の全部を農業後継者に生

前に一括贈与した場合
③ 納税の猶予を受けた農地のうちに都市営農農地(生産緑地地区内にある農地で、一定の区域内にあるもの)がない相続人が農業を20年間継続した場合

35　遺産分割と相続税

Q1　兄弟姉妹が集まって父の遺産をどう分けるかを話し合ったがまとまらず遺産分割ができないときはどんな手続をとればよいか。

A1　家庭裁判所に調停の申立てができる。

Q2　遺産分割は相続税の申告制限までにしなければならないか。

A2　法定相続分どおりに申告しておき、後日遺産分割協議が成立した時に申告をし直す。

●遺産分割とは

相続が開始し、共同相続人がいるときには、遺産は共有状態になりますので、遺産分割をする必要があります。被相続人は遺言で相続開始のときから5年を超えない期間、分割を禁止することができます。この場合には遺産分割はできないことになりますが、そうでない場合は共同相続人はいつでも遺産の分割をすることができます。

●遺産分割の手続

相続人間で協議が調わないとき、又は協議をすることができないときは、各共同相続人は遺産分割を家庭裁判所に請求することができます。

家庭裁判所は事件をまず調停にかけ、調停が成立しない場合は審判によって分割します。調停の申立ては相手方の住所地の家庭裁判所が、審判の申立ては被相続人の住所地または相続開始地の家庭裁判所が管轄となります。

調停では調停委員会が当事者の意見や希望などを十分聴いて話合いがすすめられますし、事実の調査や専門家の意見聴取もしてくれます。

35 遺産分割と相続税

話合いの結果、全員の合意ができたときには調停調書が作成され、これは確定判決・確定審判と同じ効力があります。

合意ができず調停が不成立となると、審判の手続に移行し、家事審判官(裁判官)が審理したうえで強制的に分割することになります。

> **用語解説**
>
> **遺産分割協議書**
> 　相続人たちで、何を、いくら、誰が取得するか決めたことを文書にしたものを「遺産分割協議書」という。決まった様式はないが、税務署でくれる「相続税の申告のしかた」というパンフレットの中にサンプルが載っている〔38のサンプル参照〕。
> 　各相続人の氏名は、タイプしたものやゴム印を押したものでも無効ではないが、後日の紛争を防止するために、実際にサインした方が確かである。
> 　遺産分割協議書には実印を押し各自の印鑑証明書を添付する。遺産分割協議書は、①税務署提出用、②登記所提出用、③銀行・郵便局・証券会社提出用と幾枚も必要になる。
>
> **相続開始の原因**
> 　人が死亡すると相続が開始する。失踪宣告を受けた人は、死亡したものとみなされる。
>
> **相続開始の時期**
> 　死亡の瞬間（失踪宣告を受けた人については、死亡とみなされる日）に相続が開始する。
> 　不動産の名義を替えることが相続で、不動産の名義を替えれば相続税がかかると誤解している人がいるが、人が死ねば不動産の名義を替えなくても相続税が課税される。したがって、何十年も前に死んだ人の不動産の名義を今年変更しても、もう相続税がかかるということはない。

●**遺産分割と相続税の扱い**

　遺産分割はいつまでにしなければならないと決められていません。ずっと以前に相続が開始しても、そのままにして遺産分けをしない人もいます。ただし、現在の税法では、遺産分割をしないと、配偶者控除〔24参照〕と小規模宅地の軽減の特例〔31参照〕が受けられないのです。

113

第3章 相続したときの税金——相続税

この二つがどんなに大きな影響があるかということをA氏の場合で計算してみましょう。

> **計算例　遺産分割が未了の場合**
>
> 〔A氏の相続人は、妻・長男・二男で遺産は1億4,246万円のケース〕
>
> A氏の場合、遺産分割が未了ですと、正味の遺産額は、1億4,246万円ですが、うち住宅の敷地200㎡があり、この評価額が6852万5,000円です。遺産分割をすると小規模宅地の軽減の特例を受けられます。居住用土地の場合は240㎡までは80％〔6,852万5,000円×0.8＝5,482万円〕が減額になります。
>
> さらに配偶者控除も受けられるので、税額は次のように大差を生じます。
>
> 1　遺産分割未了の場合
>
> | （正味の遺産額） | （基礎控除額） | （課税遺産総額） |
> |---|---|---|
> | 1億4,246万円 － | 8,000万円 ＝ | 6,246万円 |
>
> **相続税額**
>
> | 妻　449万6,000円 | 長男　224万8,000円 | 二男　224万8,000円 |
>
> 2　遺産分割をした場合
>
> | （正味の遺産額） | （基礎控除額） | （課税遺産総額） |
> |---|---|---|
> | 8,764万円 － | 8,000万円 ＝ | 764万円 |
>
> ①　法定相続分どおりに分割したとき
>
> 遺産分割をすると配偶者控除も受けられます。配偶者控除は、配偶者の法定相続分に応ずる金額までか、法定相続分を超えても1億6,000万円までであれば、配偶者には相続税がかからない制度です。
>
> **相続税額**
>
> | 妻　　　　　0円 | 長男　19万1,000円 | 二男　19万1,000円 |
>
> ②　妻が全財産を相続したとき
>
> **相続税額**
>
> | 妻　　　　　0円 | 長男　　　　0円 | 二男　　　　0円 |

36 相続人でない人が遺産をもらったとき

Q 相続人でない人が遺産をもらったときは相続税はどうなるか。

A 相続税が２割増しになる。

●相続人でない者が遺産を取得した場合

 遺産の相続は原則として法定相続人が相続しますが、遺言または死因贈与により法定相続人以外の者も遺産を取得することができます。たとえば、夫が二号さんや二号さんとの間に生まれた子に遺産を残したいようなときにこの方法を利用します。

 しかし、本妻や本妻との間に生まれた子にとっては看過できないことです。

 そこで登場するのが遺留分にもとづく減殺請求権〔25 用語解説 参照〕です。たとえば、夫が全財産を二号さんに与えるという遺言状を残した場合、妻はその２分の１を取り戻すことができます。

 遺留分の割合は直系卑属だけ又は、配偶者と直系卑属が相続人の場合は遺産の２分の１、その他の場合は、遺産の３分の１です。兄弟姉妹には遺留分はありません。ですから、子の無い妻は、夫から全財産を与えるという遺言状をもらっておけば、夫の親がすでに死んでいれば、夫の兄弟姉妹が生存していても、全財産を取得することができます。

 第１順位の相続人以外の者、たとえば孫が被相続人である祖父から遺言や死因贈与により遺産を取得する場合もあります。

 二号さんが取得する場合でも孫が取得する場合でも、要するに一親

第3章　相続したときの税金——相続税

等の血族および配偶者のいずれでもない人が遺産を取得した場合は、相続税が2割増しになります。

　全財産を孫に与えるという遺言状にもとづいて孫が相続し、配偶者や子が遺留分にもとづく減殺請求をしない場合（相続税の課税を1回受けないですませようとして）でも、相続税の計算は、配偶者と子の数だけの基礎控除額を差し引き、残額について配偶者と子が法定相続分どおりに取得した場合の相続税額を孫が2割増しで納付することになります。

37 相次相続の控除

Q 父が死んだ5年後に母が死亡した。父が死んだ時に母と子が相続税を納めたが、3年後に母の遺産に対してまた相続税がかかるか。

  A 相次相続控除という制度があり減額される。

●相次相続控除

母の相続(第二次相続)の開始前10年以内に、母が相続(第一次相続)によって財産を取得したことがある場合には、母が死んだ時の相続人の相続税額から、次表の算式によって計算した金額を差し引くことができます(これを「相次相続控除」といいます)〔 計算例 参照〕)に。

相次相続控除額

$$\text{母に対して父が死んだ時に相続した財産について課せられた相続税額Ⓐ} \times \frac{\text{母が死んだ時相続人の全員が相続した財産の価額の合計額Ⓒ}}{\text{母が父が死んだ時に相続した財産の価額} - Ⓐ} \times \frac{\text{母が死んだ時その相続人が相続した財産の価額}}{Ⓒ} \times \frac{10 - \text{父が死んだ時から母が死んだ時までの年数}}{10}$$

= 各相続人の相次相続控除額

計算例 相次相続──遺産分割が未了の場合

〔母が死んだ時、200万円を相続した相続人のケース〕

$$Ⓐ\ 100万円 \times \frac{Ⓒ\ 400万円}{\text{母が父が死んだ時に相続した財産の価値}\ 600万円 - Ⓐ\ 100万円} \times \frac{\text{母が死んだ時その相続人が相続した財産の価額}\ 200万円}{Ⓒ\ 400万円} \times \frac{10年 - 5年}{10年} = 20万円$$

…相次相続控除額

(父が死んだ時から母が死んだ時までの年数)

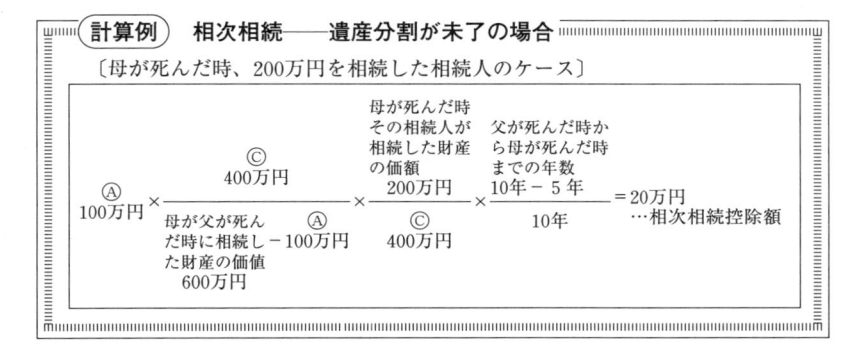

38 相続税の申告のしかた

Q 父が亡くなって母と長男が相続した。相続税の申告はいつまでにし、いつまでに納付しなければならないか。

A 申告も納付も被相続人の死亡を知った日の翌日から10カ月以内にしなければならない。

● **相続税の申告のしかた**

　相続税は被相続人が死亡した日の翌日から10カ月以内に被相続人の住所地の所轄税務署に申告し納税しなければなりません。しかし、遺産分割〔35参照〕は必ずしも申告期限までにしなければならないものではありません。

　申告期限までに相談がまとまらなければ、法定相続分どおりに申告しておき、申告期限から3年以内に遺産分割協議が成立すれば、法定相続分より多く取得することになった人は修正申告を〔39参照〕、法定相続分より少なく取得することになった人は更正の請求をします。この場合修正申告をして追加の税金を納めても、過少申告加算税も延滞税も課されません。そしてこの時に小規模宅地の軽減の特例〔31参照〕と配偶者控除〔24参照〕が受けられます。

　当初申告で算出される税額は一応納付しておき、減額更正をしてもらった時に還付されるわけです。

　注意すべきことは、税法上は遺産分割は1回しか認められないことです。いったん遺産分割をして相続税額の申告書を提出し、申告期限後に遺産分割のやり直しをしますと、第1回目の遺産分割で相続人のものとなった財産を、相続人間で移転するものと見られて、第1回の遺産分割よりも多く取得することになる人は、増差額について贈与税がかかります。

また、相続人の中に未成年者がいる場合は、特別代理人を家庭裁判所に決めてもらうことになりますが、その場合は相続人以外の人に遺産内容を知られることになります。未成年者の相続人があと１、２年で成年に達するという場合は、法定相続分どおりに申告しておき、成年に達してから相続人だけで遺産分割をするという方法もあります。

　難しいのは財産の評価です。特に非上場株がある場合は、素人ではまず無理です。商店や工場の経営者の場合は、税理士に依頼するとよいでしょう。それから農地や山林の評価も税務署(資産課税部門)にたずねてください。

●**遺産の書き出し**

　まず遺産にはどんなものがあるか書き出してみます。金目のものはすべて相続税がかかると思ってください。普通の家庭では、土地、家屋、株式、公社債、証券投資信託、貸付信託、預貯金、家具等の家庭用財産、さらに生命保険金等、退職手当金、ゴルフ会員権、書画骨とう、電話加入権、自動車、未収債権等、商店や工場の場合は棚卸資産、機械、原材料等々が考えられます。

① 土地には、自用地のほか、人に貸してある貸宅地、貸家の敷地(貸家建付地)、人から借りている土地(借地権)、人から借りている土地に貸家を建てているもの(貸家建付借地権)がある。
② 家屋には、自用家屋と貸家がある。借りている家屋(借家権)は、実務上評価しない。
③ 株式には、上場株式、気配相場等のある株式、取引相場のない株式(非上場株)がある。
④ 生命保険金等には、生命保険契約に関する権利で、課税時期にまだ保険事故が発生していないものを含む。たとえば、契約者・保険料負担者は夫で、被保険者は妻、保険金受取人は妻というケースで、夫が死亡した場合でも課税される〔46参照〕。

⑤ 生命保険金、退職金とも一時払いでなく、分割払いの場合は、定期金に関する権利〔21 用語解説 ・30 用語解説 参照〕として評価する。
⑥ 未収債権は、サラリーマンなら給与の未収分、個人経営の商店主や工場主なら売掛金、地主なら未収地代、家主なら未収家賃など。

遺産分割協議書

被相続人山田宗太郎の遺産については、同人の相続人の全員において分割協議を行った結果、各相続人がそれぞれ次のとおり遺産を分割し、取得することに決定した。

一　相続人山田和子が取得する財産

(1) 宅地　東京都港区南青山三丁目一〇一番
　　　五百九拾平方メートルのうち参百参拾平方メートル

(2) 右同所同番　家屋番号一〇一－二番
　　　木造スレート葺二階建
　　　床面積壱百弐拾八平方メートル

(3) 家庭用財産一式

(4) 未収給与　弐拾参万七千円

(5) 東芝の株式　壱万株

(6) 日立製作所の株式　五千株
　　松下電器産業の株式　壱万株
　　三菱信託銀行所在　貸付信託　五百弐拾四万七百円
　　固定資産税　六拾万円
　　所得税（準確定申告分）　参拾万円
　　銀行借入金　弐千万円

二　相続人山田一郎が取得する財産

(1) 宅地　東京都港区南青山三丁目一〇一番
　　　五百九拾平方メートルのうち弐百六拾平方メートル

(2) 右同所同番　家屋番号一〇一－一番
　　木造瓦葺二階建
　　床面積六拾四平方メートル

(3) ゴルフ会員権　相模カントリー倶楽部

(4) 電話加入権

(5) 乗用車

三　相続人山田次郎が取得する財産

(1) 現金　参拾八万円

(2) 青山郵便局
　　通常貯金　壱百八拾六万円
　　定額貯金　八百万円

(3) 第一勧業銀行青山支店
　　普通貯金　弐百六拾参万円
　　定期預金　七千万円

右のとおり相続人全員による遺産分割の協議が成立したので、これを証するための本書を作成し、左に各自署名押印する。

平成十四年十二月二十日

東京都港区南青山三丁目一四番六号　相続人山田和子㊞

東京都港区南青山三丁目一四番六号　相続人山田一郎㊞

東京都港区南青山三丁目一四番六号　相続人山田次郎㊞

39 相続税の修正申告・更正の請求のしかた

Q1 遺産の申告漏れや評価、計算の誤りのため申告が少ないことに気がついたときはどうしたらよいか。

A1 修正申告書を提出する。

Q2 誤って過大に申告したり、遺産分割などの結果申告した金額が過大となったときはどうしたらよいか。

A2 更正の請求をする。

●修正申告のしかた

相続税の申告をした後で、申告漏れとなった財産があったり、財産の評価や計算の誤りなどのため、申告した課税価格や税額に不足額があることを発見したときは、修正申告書を提出することができます。

修正申告書を提出した場合は、増加した税額に対して、原則として期限内申告書を提出した人については、過少申告加算税（増加税額の10％。ただし、一定額を超える場合には、その超える部分については15％）、期限後申告書を提出した人については、無申告加算税（増加税額の15％）がかかります。

●更正の請求のしかた

相続税の申告書の課税価格又は税額を誤って過大に申告した場合は、申告期限から1年以内に更正の請求をすることができます。

なお、1年を経過した後でも、やむをえない理由があるときは、その事由が生じた日の翌日から2カ月以内に、更正の請求をすることができます。

39 相続税の修正申告・更正の請求のしかた

　さらに、①遺産分割、②認知、相続人の廃除又はその取消しに関する裁判の確定、相続の回復、相続の放棄の取消しなどによって相続人に異動が生じたこと、③遺留分による減殺請求があったこと、④遺言書が発見されたり、又は遺贈の放棄があったことにより、申告した課税価格や税額が過大となったときは、その事由が生じたことを知った日の翌日から4カ月以内に更正の請求をすることができます。

＊
＊＊

40 相続税の納税のしかた

Q 相続税を延納あるいは物納できるか。

A 相続税は死亡を知った日の翌日から10カ月以内に金銭で納付するのが原則。すぐには納税できない場合には、延納または物納の制度がある。

● 納税について

(1) 相続税の納期限　相続税は、申告期限と同日の死亡を知った日の翌日から10カ月以内に納付しなければなりません。

(2) 延納・物納　相続税は、一定の要件の下で延納または物納をすることができます。

● 延　納

(1) 延納の要件　次の要件のすべてを満たすことが必要です。
① 相続税額が10万円を超えること
② 金銭納付を困難とする理由があり、その納付を困難とする金額の範囲内であること
③ 納期限までに申請書を提出すること
④ 延納税額に相当する担保を提供すること

(2) 延納期間・延納利子税　延納のできる期間と延納税額にかかる利子税の税率は、その相続人が取得した財産のうちに占める不動産の割合によって、次ページの表のように規定されています。

ただし、各分納期間の日の属する月の2カ月前の月の末日の公定歩合の割合に年4％の割合を加算した割合が、年7.3％に満たない場合は、左の算式の割合を適用します。

現行の割合×(公定歩合＋4％)÷7.3％

延納期間と延納利子

区　　　　　分		延納期間（最高）	利子税（年割合）
不動産等の割合が75%以上の場合	①不動産等に対応する税額	20年	3.6%
	②動産等に対応する税額	10	5.4
不動産等の割合が50%以上75%未満の割合	③不動産等に対応する税額	15	3.6
	④動産等に対応する税額	10	5.4
不動産等の割合が50%未満の場合	⑤立木に対応する税額	5	4.8
	⑥一般財産に対応する税額	5	6.0

　不動産等とは、不動産、借地権、立木、事業用の減価償却資産、非上場会社の株式（相続によって財産を取得した人とその特別関係者の有する株式の金額の合計額が、その会社の株式金額の50%以上を占めているもの）をいいます。

　現代のような低金利時代には、金融機関から借りて一括納付した方が有利な場合もあります。ただし、当初延納していて、途中から物納に切り替えることはできません。

● **物　　納**

（1）　物納の要件　　次のすべてを満たすことが必要です。
　①　延納によっても金銭で納付することを困難とする理由があり、かつその納付を困難とする金額を限度としていること
　②　申請財産が定められた種類の財産であり、かつ定められた順位によっていること
　③　納期限までに申請書を提出すること
　④　国が管理または処分するのに適したもの

（2）　物納申請財産の種類と順位　　申請財産の種類により物納の順位が次のページの表のように定められています。

第3章　相続したときの税金──相続税

> 第1順位……国債・地方債・不動産・船舶・特定登録美術品
> 第2順位……社債・株式・証券投資信託や貸付信託の受益証券
> 第3順位……動産

相談1　借地権の物納

Q　借地権を物納できますか。

A　借地権だけの物納はできませんが、借地上の建物といっしょに物納することはできます。
　たとえば、被相続人が土地を借りて建物を建てている場合は、その建物を借地権と同時に物納することはできます。
　しかし、かつて被相続人が借りていた土地の上に建っていた被相続人の建物が老朽化したので、これを取り壊して、地主との契約は被相続人のままで、新しい建物は長男名義で建てたような場合は、被相続人が所有する借地権だけを物納することはできません。

相談2　底地の物納

Q　地主が底地を物納した場合、借地権に何か税金がかかりますか。

A　物納した時点では何も税金はかかりません。将来借地人が国から底地の払い下げを受けた時に不動産取得税が1回きりかかります。その後は毎年固定資産税がかかります。

相談3　底地の物納と借地人の同意

Q　底地を譲渡する時には借地人の同意は必要ないということですが、底地を物納する場合も借地人の同意を要しませんか。

A　底地を物納する場合、税務署に提出する書類に借地人の印が必要です。これは新しい地主になる国は、借地面積などを借地人と確認しておきたいからです。したがって、借地人が印を押さないと物納できないのが現状です。

相談4　マンションの物納

Q　マンションの1室だけの物納は許可されますか。マンションを1棟そっくり物納する場合はどうですか。

A マンションの1室だけの物納は、積極的には受けつけられないようです。マンション1棟全体の物納は、マンションの1室だけの物納より受け容れられやすいでしょう。入居者との賃貸借契約を整備して、オーナーが国に替わることになります。

なお、価額は建物と底地だけしか見てくれませんのでご注意ください。借地権割合の低い郊外や地方なら、賃貸用マンションの物納も悪くないかもしれません。

第 4 章

不動産を取得したときの税金

——不動産取得税等

41 不動産を取得したとき

Q 不動産を取得したときにはどんな税金がかかるか。

A 印紙税、登録免許税、不動産取得税、固定資産税がかかる。

　相続、贈与、売買などで不動産を取得したときにかかる税金は次のとおりです。

●印　紙　税

　不動産を買う場合の売買契約書や家屋を新築する場合の請負契約書に一定の収入印紙を貼って消印しなければなりません（印紙税額は印紙税法に定められています）。

●登 録 免 許 税

　土地や建物を取得した人の名義で登記するときに登録免許税がかかります。登記申請書に収入印紙を貼って法務局(登記所)へ納税しますが、司法書士に依頼する場合は、司法書士の報酬といっしょに払います。

　税額は、固定資産税評価額に表1の税率をかけて算出します。ただし、土地については平成15年3月31日までは、固定資産税評価額の3分の1に税率をかけます。

　一定の住宅用家屋については、表2の軽減税率が適用されます

表1　登録免許税率

売買	5.0%（住宅用家屋の特例　0.3%）
贈与	2.5%（住宅用家屋の特例　0.3%）
相続	0.6
所有権の保存登記	0.6%（住宅用家屋の特例　0.15%）

表2 住宅用家屋の特例

1 新築住宅の場合
① 自分が居住するための家屋であること
② 家屋の床面積（登記面積）が、50m²以上であること
③ 家屋の新築又は取得後1年以内の登記であること
2 中古住宅の場合
1の①から③のほか、築20年以内（耐火建築物は25年以内）であること

●**不動産取得税**

　土地や建物などを取得したときには地方税である不動産取得税を都道府県事務所へ納めます。税額は、土地や建物ごとにその価格（固定資産税評価額）に4％の税率をかけた金額ですが、住宅や一定の要件にあてはまる住宅用土地の税率は3％になります。宅地の取得が平成8年から平成14年の間であればその価格の2分の1に税率をかけた額になります。また、一定の要件にあてはまれば、税額が軽減される特例があります。

　なお、相続の場合は不動産取得税はかかりません。

●**固定資産税等・都市計画税**

　固定資産税・都市計画税は、不動産を所有している期間を通じて課税されます。東京都の場合、家屋は固定資産税評価額に1.4％、土地は固定資産税評価額を減額調整した固定資産税課税標準に1.4％をかけた金額が通常の固定資産税額ですが、地方税なので税率の違う市町村もあります。

　都市計画区域内の土地や家屋には、都市計画税もかかります。東京都の場合、税率は0.3％が通常です。東京23区内の小規模住宅用地（200m²まで）は、0.3％の2分の1に軽減されます。

　固定資産税等は、都税事務所又は市役所等へ納めます。

42 マイホームをローンで新築・購入したり、増改築したとき
——住宅借入金等特別控除

Q 住宅ローンを利用すると減税になるか。

A 一定の条件にあてはまれば10年間控除を受けることができる。

●住宅借入金等特別控除

　住宅ローン等を利用してマイホームを新築や購入、増改築等をしたときには、一定の要件にあてはまれば、居住の用に供した年から10年間、住宅借入金等特別控除を受けることができ、この控除は、「税額控除」といって、算出した所得税額から差し引くことができます。

　住宅借入金等特別控除の要件と必要な書類は表1のとおりです。

表1　住宅借入金等特別控除を受けるための要件と必要な添付書類

	要　件	必要な添付書類
新築住宅の場合	① 住宅取得後6ヵ月以内に入居し、引き続き住んでいること ② 家屋の床面積(登記面積)が50m²以上であること ③ 床面積の2分の1以上が、専ら自己の居住の用に供されるものであること ④ 控除を受ける年の所得金額が3,000万円以下であること ⑤ 民間の金融機関や住宅金融公庫などの住宅ローン等を利用していること	① 住民票の写し ② 家屋の取得年月日・床面積・取得価額を明らかにする書類又はその写し(家屋の登記簿謄本、請負契約書、売買契約書など) ③ 住宅取得資金に係る借入金の年末残高明細書 ④ 住宅ローン等に含まれる敷地等の購入に係るローン等についてこの控除を受ける場合は、その敷地等の取得価額・取得年月日などを明

42 マイホームをローンで新築・購入したり、増改築したとき

㈠新築住宅の場合	⑥ 住宅ローン等の返済期間が10年以上で、しかも月賦のように分割して返済すること	らかにする書類又はその写し（登記簿謄本、分譲に係る契約書など）
㈡中古住宅の場合	① ㈠の要件にあてはまること ② その家屋の取得の日以前20年以内（マンション等の耐火建築物については25年以内）に建築されたものであること ③ 建築後使用されたことがある家屋であること	① ㈠のほか次の書類 ② 家屋の登記簿謄本 ③ 債務の承継に関する契約にもとづく債務を有するときは、その債務の承継に係る契約書の写し
㈢増改築等の場合	① 自己の所有している家屋で、自己の居住の用に供しているものの増改築であること ② 増改築等をした後の家屋の床面積（登記面積）が50m²以上で、しかも㈠の要件の①、③〜⑥にあてはまること ③ ㋑ 増築、改築、大規模の修繕、大規模の模様替えの工事であること ㋺ 区分所有部分の床、階段又は壁の過半について行う一定の修繕又は模様替えの工事であること ㋩ 家屋のうち居室、調理室、浴室、便所、洗面所、納戸、玄関又は廊下の一室の床又は壁の全部について行う修繕又は模様替えの工事であることにつき、一定の証明がされたものであること ④ 増改築等の工事費用が100万円を超えるものであること ⑤ 自己の居住の用に供される部分の工事費用の額が、増改築等の工事費用の総額の2分の1以上であること	① ㈠の①③のほか次の書類 ② 増改築等の年月日、費用、床面積を明らかにする書類 （家屋の登記簿謄本、請負契約書など） ③ 建築確認通知書の写し、検査済証の写し、又は建築士から交付を受けた増改築等工事証明書

●控除額の計算方法

この控除額は、表2のように計算します。

133

第4章 不動産を取得したときの税金──不動産取得税等

表2　住宅借入金等特別控除額の計算

居住の用に供する時期	控除期間	住宅借入金等の年末残高	控　除　率
平成13年1月1日から平成13年6月30日まで	15年間	5,000万円以下の部分（15年間の控除額の合計は最高587.5万円）	1〜6年目　1.0%（最高50万円） 7〜11年目　0.75%（最高37.5万円） 12〜15年目　0.5%（最高25万円）
平成13年7月1日から平成15年12月1日まで	10年間	5,000万円以下の部分（10年間の控除額の合計は最高500万円）	1.0%（最高50万円）

> **注意！　重複適用はできない**
> 　入居した年およびその年の前後2年以内に譲渡所得の課税の特例（3,000万円の特別控除、買換え・交換の特例など）を受けているときは、住宅借入金等特別控除は受けられません。

● **控除を受けるための手続**

　住宅借入金等特別控除を受けるためには、一定の書類を添付して確定申告をする必要があります。ただし、サラリーマンは1年目に確定申告をすると2年目以降は年末調整で控除が受けられます。

● **土地の購入も対象に**

　住宅借入金等特別控除を受けられる住宅ローン等には、家屋の新築や購入を共にするその敷地等の購入のためのローン等で一定のものが含まれます。

42 マイホームをローンで新築・購入したり、増改築したとき

相談 住宅借入金等特別控除を受けた住宅から立ち退いた後は控除を受けられないか

Q　平成12年にマンションを購入して、住宅借入金等特別控除を受けていましたが、平成13年に離婚して、このマンションは妻に渡して立ち退くことになりました。ローンの残りはひきつづき私が払いつづけるのですが、住宅借入金等特別控除は今後も私が受けられますか。

A　そのマンションにあなたが住まなくなったので、今後は住宅借入金等特別控除は受けられません。

第 5 章

不動産を売ったときの税金

―― 譲渡所得税

43 土地や建物を売ったとき

Q 土地や建物を売ったときにはどのように税金がかかるか。

A 長期譲渡と短期譲渡に区分され、長期譲渡は軽い、短期譲渡は重い税金がかかる。

●譲渡所得に対する税金

土地や建物を売ったときの譲渡所得に対する税金(譲渡所得税)は、分離課税といって給与所得など他の所得と区分して計算します。

さらに、売った土地や建物をいつから所有していたかにより、長期譲渡所得と短期譲渡所得とに区分され、それぞれ別の方法で計算します(ただし、確定申告の手続は、他の所得といっしょに行わなければなりません)。

●長期譲渡と短期譲渡

土地や建物を売った年の1月1日現在で、その土地や建物の所有期間が5年を超えていれば長期譲渡に、5年以下ならば短期譲渡になります。

●税額の計算方法

譲渡所得税の税額は次のように計算します。

(1) 長期譲渡所得の場合

課税譲渡所得		
	所得税	住民税
	20%	6%

＊ 長期譲渡所得金額についてこの税率が適用されるのは、平成15年12月31日までです。

138

(2) 短期譲渡所得の場合　　次の㋑と㋺のどちらか多い額になります。

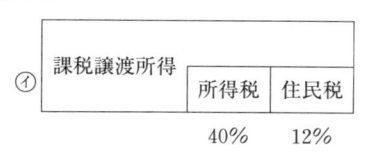

㋑
課税譲渡所得	
所得税	住民税
40%	12%

㋺　(Ⓐ－Ⓑ)×110%＝所得税(又は住民税)
　　　　　＊1　　　　　　　　　　　　　　＊2
　Ⓐ＝(その他の課税所得＋課税譲渡所得－50万円)×税率
　　　　　＊1　　　＊2
　Ⓑ＝その他の課税所得×税率

＊1　「その他の課税所得」とは、事業所得や給与所得などの総所得から保険料控除、配偶者控除、配偶者特別控除、扶養控除、基礎控除などを差し引いた額です。控除額は所得税と住民税とで異なります。

＊2　税率は、所得税(住民税)の税率です。

課税譲渡所得は表1のように計算します。

表1　課税譲渡所得の計算方法

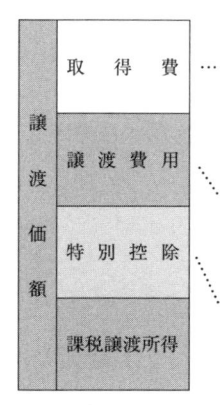

譲渡価額	取得費	…	売った土地や建物を買い入れたときの購入代金(建物は減価償却費相当額控除後の金額)や購入手数料などの合計です。実際の取得費がわからないときや実際の取得費よりも譲渡価額の5％の方が多いときは、譲渡価額の5％が取得費となります。
	譲渡費用	…	土地や建物を売るために直接支出した費用で、次のようなものです。①仲介手数料、②測量費用、③立退料、④建物を取り壊して土地を売ったときの取壊し費用など
	特別控除	…	長期譲渡所得　最高100万円　〔特別の場合〕 短期譲渡所得　なし　　　　○収用などのとき……最高5,000万円 　　　　　　　　　　　　　○自分の住んでいる家屋と土地を売ったとき……最高3,000万円など
	課税譲渡所得		

●マイホームを売ったときの税金

　自分が住んでいる家や敷地を譲渡したときや、以前に住んでいた家や敷地を住まなくなった日から3年を経過する年の12月31日までに譲渡したときなど、一定の要件を満たす場合には次の特例措置がとられています。

第5章　不動産を売ったときの税金——譲渡所得税

(1) 3,000万円の特別控除の特例　売手と買手の関係が親子や夫婦など特別の間柄でない場合、その所有期間が長期、短期を問わず、譲渡所得から最高3,000万円が特別に控除されます。

(2) 軽減税率の特例　譲渡した年の1月1日現在で、家屋と敷地の所有期間が共に10年を超えるマイホームを譲渡した場合で、買換え(交換)の特例の要件に該当しないときや、買換え(交換)の特例の適用を受けないときには、3,000万円の特別控除の特例を適用した後の長期譲渡所得金額に対して、次のように軽減された税率で課税されます。

① 課税譲渡所得が6,000万円までのとき

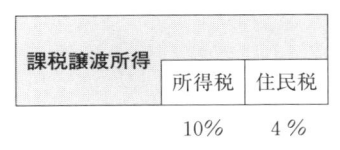

課税譲渡所得	
所得税	住民税
10%	4%

② 課税譲渡所得が6,000万円を超えるとき

課税譲渡所得	
所得税	住民税

600万円+(課税譲渡所得−6,000万円)×15%……所得税

240万円+(課税譲渡所得−6,000万円)× 5%……住民税

なお、これらの特例の適用を受けたときは、住宅借入金等特別控除〔42参照〕を受けることはできません。

(3) 買換え(交換)の特例

① 譲渡した年の1月1日現在で、家屋と敷地の所有期間が共に10年を超えるマイホームのうち、居住期間が10年以上であるものを譲渡し、その年の翌年12月31日までの間に代わりのマイホームを取得し、一定の期間内に自己の居住の用に供する場合には、課税を繰り延べる買換え(交換)の特例が受けられます。

なお、代わりに取得したマイホームの床面積等は一定の要件に該当

43 土地や建物を売ったとき

する必要がありますので、ご注意ください。

　②　①のほか父母又は祖父母から相続又は遺贈により取得したマイホームで、居住期間が30年以上であること等一定の要件を満たすものを譲渡した場合にも、買換え(交換)の特例が受けられます。

● **特例の適用関係**

マイホーム譲渡の特例の適用関係を整理すると表2のようになります。

表2　マイホーム譲渡の特例の適用関係一覧

区分			3,000万円の特別控除	軽減税率の特例	買換え(交換)の特例
マイホームの譲渡	所得期間10年超	●相続(遺贈)による取得 ●居住期間30年以上	○	選択適用	○
		●居住期間10年以上 上記以外	○		×
	所有期間10年以下		○	×	×

＊　配偶者、直系血族、生計を一つにする親族その他特別の関係がある者、又は一定の法人に対して譲渡した場合には、上記のいずれの特例も受けることはできません。

● **特例を受けるには確定申告が必要**

所得税の確定申告書(分離課税用)に、これらのいずれかの特例の適用を受ける旨を記載するとともに、住民票の写しなど、それぞれの特例に応じた一定の書類を添付しなければなりません。

● **マイホームの譲渡損失の繰越控除の特例**〔45参照〕

44 不動産を売って損をしたとき

Q バブル時代に買った土地を売ったところ値下りしたために赤字になった。税金はどうなるか。

A 赤字の金額を給与所得や事業所得の黒字と相殺することができる。

●損益通算

それぞれの所得に適用される税率をかけて税額を計算し、それらの税額を合計しますが、これらのうち、赤字になるものがある場合は、一定のルールに従って他の黒字の所得と相殺することができます。これを「損益通算」といいます。

不動産を売って譲渡損のときは、損益通算により給与所得だけのサラリーマンは、確定申告をすれば、源泉徴収された所得税の一部が還付されます。店舗や工場などを営む事業所得の人や土地や建物を賃貸する不動産所得の人は、納める税金が少なくなります。

●損益通算の順序

不動産および不動産以外のもの（借地権、ゴルフ会員権等）を売ったときの譲渡所得は次の4種類に分けられます。

①	分離短期譲渡所得	所有期間が5年以内の不動産の譲渡
②	総合短期譲渡所得	所有期間が5年以内の不動産以外の資産の譲渡
③	分離長期譲渡所得	所有期間が5年を超える不動産の譲渡
④	総合長期譲渡所得	所有期間が5年を超える不動産以外の資産の譲渡

損益通算は、まず、四つに分けたそれぞれの譲渡所得の中で行います。

次に、短期譲渡所得間、長期譲渡所得間で損益通算します。

最後に短期譲渡所得と長期譲渡所得との間で損益通算をします。

そして譲渡所得間で損益通算しても、なお損失が残る場合には、給与所得や事業所得など譲渡所得以外の所得と損益通算をすることができます。

なお、不動産の譲渡損でも、別荘など生活に通常必要でない資産の譲渡損は、譲渡所得間では損益通算できますが、譲渡所得以外の所得とは損益通算ができません。

45 マイホームを売って損をしたとき

Q　マイホームの譲渡損の損益通算は、その年しか行えないのか。

A　一定の条件に該当するものは、翌年以降3年間損益通算できる。

●居住用財産の買換えの場合の譲渡損失の繰越控除

不動産を売って赤字になったときは、その年の譲渡所得以外の所得と損益通算して所得税を減らすことができますが、マイホームを売って譲渡損を生じ、損益通算してもなお赤字が残る場合には、一定の条件により、その赤字を翌年以降3年間の所得と損益通算することができます（これを「居住用財産の買換えの場合の譲渡損失の繰越控除」といいます）。

●一定の条件とは

① 譲渡したマイホームの所有期間が、その年の1月1日現在で5年を超えること
② 譲渡の相手先が配偶者や親族などの特別関係者でないこと
③ 譲渡契約日の前日に住宅ローンの残高があること
④ 住宅ローンを使って新しいマイホーム（50m²以上など一定条件あり）に買い換えていること
⑤ 取得したマイホームに年末までに居住すること
⑥ 取得したマイホームに年末時点で住宅ローンの残高があること
⑦ その年の合計所得金額が3,000万円以下であること
⑧ その年の前年または前々年に居住用財産の3,000万円の特別控除や買換えの特例などを受けていないこと

なお、この控除と住宅借入金等特別控除とは併用できます。

第6章

保険と税金

46 保険金を受け取ったとき

Q1 夫が亡くなり生命保険金を受け取った。夫が保険契約者で保険料を負担していたが、どのように課税されるか。

A1 妻に相続税が課税される。

Q2 祖父が被保険者となってかけていた保険の保険金1,500万円を祖父の死亡により受け取った。父が生存しているので、祖父の相続人ではないが、どのように課税されるか。

A2 相続人でない者には2割増しの相続税が課税される。

Q3 私のかけていた保険が満期となり、満期返戻金を受け取った。どのように課税されるか。

A3 受取人に所得税が課税される。

●生命保険金を受け取ったとき

　保険金を受け取る場合、その保険金が死亡にもとづくものか、満期によるものか、また保険料の負担者は誰なのかなどによって課税方法が異なります。

　生命保険金の課税関係を整理すると表1のようになります。

表1　生命保険金の課税関係

区分	被保険者	契約者 (保険料負担者)	受取人	保険事故等	課税関係
①	A	A	A	満期	Aの一時所得
②	A	A	B	満期	Bに贈与税
				Aの死亡	Bに相続税
③	B	A	B	Aの死亡	Bに相続税(生命保険契約に関する権利)
④	B	A	A	満期	Aの一時所得
				Bの死亡	

＊　AとBは相続関係にある人の場合です。

生命保険金のうち表2の金額までは非課税です。

表2　非　課　税

500万円×法定相続人の数＊

＊　算式中の「法定相続人の数」とは、第1順位の相続人の数をいいます。

●被保険者・保険料負担者が被相続人の場合

　Q1の被保険者で契約者(保険料負担者)である夫が死亡した場合は、表1②のAの死亡となり、妻に相続税が課税されます。

●相続人でない者が保険金を受け取った場合

　Q2の被保険者と契約者(保険料負担者)は祖父で、受取人は孫という契約で、祖父が死亡した場合は、遺贈を受けたものとして、孫に相続税が課税されます。

　この場合、孫は第1順位の相続人〔23参照〕ではないので、第1順位の相続人が取得した場合に課税される相続税額の2割増しの金額とな

第6章　保険と税金

ります。

　なお、この場合にも生命保険金のうち表2の金額までは非課税です。

● **満期返戻金を受けとったとき**

　Q3の満期返戻金を受けとったときの課税は次のようになります。

(1)　生　命　保　険

　① 被保険者・契約者(保険料負担者)・受取人が同一の場合は、受取人に一時所得の課税が行われる。
　② 被保険者・契約者(保険料負担者)がAで、受取人がBの場合は、Bに贈与税が課税される。
　③ 被保険者がBで、契約者(保険料負担者)・受取人がAの場合は、Aに一時所得の課税が行われる。

一時所得の課税所得は表3のように計算します。

表3　一時所得の場合の課税所得の計算式

$$\{(保険金 - 支払保険料) - 50万円\} \times \frac{1}{2} = 一時所得$$

(2)　損　害　保　険

　① 保険料を受取人が支払っていた場合は、受取人の一時所得となる。
　② 保険料を受取人以外の人が支払っていた場合は、受取人に贈与税が課税される。

● **中途解約返戻金を受けとったとき(生命保険)**

中途解約返戻金を受けとったときの課税は次のようになります。

　① 保険料を受取人が支払っていた場合は、受取人の一時所得となる。
　② 保険料を受取人以外の人が支払っていた場合は、受取人に贈与税が課税される。

● **損害保険金を受け取ったとき**

損害保険金を受け取る場合も、保険料の負担者や支払原因によって課税方法が異なってきますが、保険をかけていた人が建物の焼失や身体の傷害・疾病を原因として受け取る保険金には原則として課税されません。

しかし、たとえば事業者の店舗や商品が火災で焼失した場合、焼失した商品の損害保険金は事業収入（売上げ）になります。また焼失した店舗の損害保険金は店舗の損失額を計算する際に、差し引くことになります。

● **配当金を受け取ったとき**

契約期間中に受け取る配当金は、支払保険料から控除し課税されませんが、保険金といっしょに受け取る配当金は一時所得として課税対象になります。また、相続税、贈与税が課税されるような場合には、配当金は保険金の額を含めて課税対象になります。

> **相談** 生命保険契約に関する権利
> 〔保険契約者は父、保険料負担者は父、被保険者は長男のケース〕
>
> **Q** 保険金受取人は父という契約の生命保険に加入しています。父が死亡した場合の課税関係はどうなりますか。
>
> **A** 父が死亡しても生命保険金は支払われませんが、生命保険契約に関する権利として次のように評価されて、相続税が課税されます。
>
> $$\left(払込保険料の合計額 \times \frac{70}{100}\right) - \left(保険金額 \times \frac{2}{100}\right) = 生命保険契約に関する権利の評価額$$
>
> ただし、保険料の金額が一時に払い込まれたものは、払込保険料の金額で評価します。

第 7 章

離婚と税金

47 離婚の際に財産分与を受けたとき

Q 離婚の際に妻が財産分与として住宅を取得すると夫に譲渡所得税がかかると聞いたが本当か。

A その不動産に夫が取得してから手離すまでの間に値上り益があったものだけに課税される。

●夫に譲渡所得税がかかる場合

　離婚に伴う財産分与として不動産を妻に渡した場合、その財産分与が過当でなければ妻に贈与税はかかりませんが、夫に対してはその不動産を売ったときと同じ計算で譲渡所得税と住民税がかかります〔43参照〕。その場合、居住用不動産を譲渡した場合の3,000万円の特別控除も所有期間による軽減税率の特例も受けられます。ただし、居住用不動産の特別控除は、立ち退いた日から3年を経過する日の属する年の12月31日までに財産分与をしないと受けられません。

　なお、現金で財産分与をすれば譲渡所得税はかかりません。

●夫に譲渡所得税がかかるワケ

　昭和50年の最高裁判所5月27日判決は、離婚にあたり妻に財産分与として不動産を渡したケースで、その譲渡は所得税の対象となるとしている。譲渡所得税が課税される「資産の譲渡」とは、有償無償を問わず資産を移転させる一切の行為をいう。夫は不動産を失ったが、財産分与義務の消滅という経済的利益を享受したのだから現実に対価の受入れを伴う場合と変わりはないという。簡単にいえば代物弁済だというのです。代物弁済をした場合には、債務者に譲渡所得税がかかります。ではなぜ代物弁済に譲渡所得税がかかるのでしょうか。

譲渡所得税は売った場合のように、現金収入があったときにだけ課税されるのではありません。売買のほか交換、収用、公売、現物出資、離婚に伴う財産分与、代物弁済、法人に対する贈与、法人に対する遺贈、相続(限定承認の場合)にも原則として課税されます。

土地のように所有期間の経過によって値上がりしたものは、現金収入の有無にかかわらず、それを手放す時に譲渡益(キャピタルゲイン)を精算してくださいというのが譲渡所得税の考え方なのです。ですから

> **相談　財産分与に対する節税法**
>
> **Q**　夫に譲渡所得税が課税されることが障害となって離婚と財産分与の話がまとまりません。税金を払わないですむ財産分与の方法はないでしょうか。
>
> **A**　前述の控除や特例を活用するほか、婚姻期間が20年以上の場合は、居住用不動産の贈与を受けたときは、配偶者控除2,000万円＋基礎控除110万円までは贈与税を課税されませんので、妻への贈与とすることも考えられます。

近年のように買った土地が値下りした場合は、土地を渡しても譲渡所得税はかかりません。

建物は歳月の経過とともに傷んできますから、原則として値下がりします。譲渡損になった場合は夫に譲渡所得税はかかりません。

48 離婚の際に養育費を一括で支払いを受けたとき

Q 離婚の際に子の養育費を一括で支払いを受けると贈与税がかかるか。

A 通常必要と認められる範囲のものであれば贈与税はかからない。

●**離婚に伴い養育料が一括して支払われる場合の贈与税の取扱い**

扶養義務者相互間で、生活費や教育費にあてるために贈与があった場合は、通常必要と認められる範囲のものであれば贈与税は課されません。

しかし、非課税となるのは、必要なつど、直接生活費や教育費にあてるために贈与を受けたものにかぎります。

したがって、贈与を受けたお金を預貯金にしたり、株式や不動産を買った場合は贈与税がかかります。

また、財産の果実(たとえば地代、家賃、配当など)だけを生活費や教育費にあてるために財産(たとえば土地、家屋、株式など)の名義を変更したような場合には、その名義変更の時に、その利益を受けた者が、その財産を贈与によって取得したものとして取り扱われます。

なお、離婚しても夫が養育費を払いつづける場合は、税法上の扶養控除を受けることができます。

48 離婚の際に養育費を一括で支払いを受けたとき

> **コラム　養育料の信託契約と税金**
>
> この件について高知調停協会連合会長と国税庁直税部長との間で次のような照会と回答があります。
>
> **照会**　子の養育料の支払いは長期間にわたるから、まとめて支払う必要が生じます。また、まとめて支払われた養育料を監護養育者によって他の用途に消費されることを防止するとともに、毎月の履行も確保できるよう金銭信託契約をして毎月一定額の均等給付を行い、そして他方が一方的に解約できないよう配慮する必要があるとして、調停条項を作成した場合に贈与税は課税されますか。
>
> **回答**　支払われる養育料の金額が、子の年齢その他一切の事情を考慮して相当な範囲内のものであるかぎり、贈与税は課税されません。ただし、信託の分配金のうち収益から成る部分については、所得税の課税の対象となります。

◆著者紹介◆

石塚 義夫（いしづか よしお）
昭和10年 東京都に生まれる。
東洋大学第二法学部卒業。
41年余、国税局と税務署に勤務。
うち5年間税務相談官を担当。
現在、税理士・家庭裁判所調停委員。

元税務相談官が書いた
中高年のための�得税金対策

2002（平成14）年6月30日 第1版第1刷発行　70120101

著　者　石塚　義夫
発行者　今井　貴
発行所　信山社出版株式会社
〒113　東京都文京区本郷6-2-9-102
電話　03（3818）1019
FAX　03（3818）0344

Printed in Japan　　編集　㈱T・H・K小林広子

Ⓒ2002. 印刷・製本／勝美印刷
ISBN 4-7972-7012-8 C3332
7012-012-010-010
NDC分類.323.912

税法講義 第2版 山田二郎 著 4,800円　教材国際租税法 I 解説編 2200円　II 資料編 4600円
租税徴収法（全20巻予定）加藤一郎・三ケ月章 監修　東京大学名誉教授
　青山善充　塩野宏 編集　佐藤英明　奥　博司 解説　神戸大学教授　西南学院大学法学部助教授
行政裁量とその統制密度　宮田三郎 著　朝日大学教授 6,000円
行政法教科書　宮田三郎 著 3,600円　行政法総論　宮田三郎 著 4,600円
行政訴訟法　宮田三郎 著 5,500円　行政手続法　宮田三郎 著 4,600円
環境行政法　宮田三郎著 5,000円　警察法 宮田三郎著　やわらか頭の法政策 阿部康隆著 700円
行政事件訴訟法（全7巻）塩野　宏 編著　東京大学名誉教授　成溪大学教授　セット 250,485円
行政法の実現（著作集3）　田口精一 著　慶應義塾大学名誉教授　清和大学教授　近刊
近代日本の行政改革と裁判所　前山亮吉　静岡県立大学教授　7,184円
行政行為の存在構造　菊井康郎 著　上智大学名誉教授　8,200円
フランス行政法研究　近藤昭三 著　九州大学名誉教授　札幌大学法学部教授　9,515円
行政法の解釈　阿部泰隆 著　神戸大学法学部教授　9,709円
政策法学と自治条例　阿部泰隆 著　神戸大学法学部教授　2,200円
法政策学の試み　第1集　阿部泰隆・根岸　哲 編　神戸大学法学部教授　4,700円
情報公開条例集　秋吉健次 編　個人情報保護条例集（全3巻）セット 26,160円
　（上）東京都23区 項目別条文集と全文　8,000円　（上）-1, -2　都道府県 5760　6480円
　（中）東京都27市 項目別条文集と全文　9,800円　（中）政令指定都市　5760円
　（下）政令指定都市・都道府県 項目別条文集と全文　12,000円（下）東京23区 8160円
情報公開条例の理論と実務 自由人権協会編　内田力蔵著集（全10巻）近刊
　上巻〈増補版〉5,000円　下巻〈新版〉6,000円
日本をめぐる国際租税環境　明治学院大学立法研究会 編　7,000円
ドイツ環境行政法と欧州　山田　洋 著　一橋大学法学部教授　5,000円　品切
中国行政法の生成と展開　張　勇 著　元名古屋大学大学院　8,000円
土地利用の公共性　奈良次郎・吉牟田薫・田島　裕　編集代表　14,000円
日韓土地行政法制の比較研究　荒　秀 著　筑波大学名誉教授・獨協大学教授 12,000円
行政計画の法的統制　見上　崇 著　龍谷大学法学部教授　10,000円
情報公開条例の解釈　平松　毅 著　関西学院大学法学部教授　2,900円
行政裁判の理論　田中舘照橘 著　元明治大学法学部教授　15,534円
詳解アメリカ移民法　川原謙一 著　元法務省入管局長・駒沢大学教授・弁護士　28,000円
市民のための行政訴訟改革 山村恒年編 2,400円　自治力の発想　北村喜宣著 1200円
都市計画法規概説　荒　秀・小髙　剛・安本典夫 編　3,600円
行政過程と行政訴訟　山村恒年 著　7,379円
地方自治の世界的潮流（上・下）J.ヨアヒム・ヘッセ 著　木佐茂男 訳　上下：各7,000円
スウェーデン行政手続・訴訟法概説　萩原金美 著　4,500円
独逸行政法（全4巻）O.マイヤー 著　美濃部達吉 訳　全4巻セット：143,689円
韓国憲法裁判所10年史 13,000円　大学教育行政の理論　田中舘照橘著 16,800円

信山社　ご注文はFAXまたはEメールで
FAX 03-3818-0344　Email order@shinzansha.co.jp
〒113-0033 東京都文京区本郷 6-2-9-102　TEL 03-3818-1019　ホームページは http://www.shinzansha.co.jp